# Aimer la vie



La vie.
Entre son début et sa fin,
S'écouleront croissance et savoir,
Ou naufrage et dérive.
Relevez le défi, apportez votre aide,
Élevez votre esprit
Et celui de votre entourage.
Tendez la main, prenez une main,
Comprenez.
Sentez, vivez au meilleur de vous-même.
Excellez,
Laissez tomber ce que vous n'êtes pas.
Ne la gaspillez pas, emplissez-la de rires,
Saupoudrez-y quelques larmes.
Et au bout de vos années,
Contemplant le passé, vous direz.
Cette fois, j'ai vécu pleinement,
Cheminé sur la route en spirale de la vie
Et atteint le sommet
Après un délicieux périple.

par Ronna Herman

*Table des Matières*

*Table des Matières*

# Introduction

Je vous invite à entreprendre un voyage en ma compagnie, un périple vers le domaine invisible où résident les anges. Laissez de côté l'esprit analytique, je vous prie, et ressentez avec votre cœur et votre sens cognitif intérieur. Laissez résonner les paroles et voyez si elles n'évoquent pas une vérité intérieure profonde, le souvenir de temps immémoriaux où nous communiions et cheminions avec les anges.

Je vous offre les messages de l'Archange Michaël tels qu'ils me furent transmis, avec un minimum de révision ou de corrections grammaticales. Ces messages possèdent une saveur en soi, un style. L'emploi des mots pourrait ne pas être acceptable en littérature, mais ses paroles sont empreintes de l'essence de son amour et de sa compassion. De ce fait, je vous les présente sous la même forme.

Lorsque je suis prête à recevoir un message, je m'assois devant mon ordinateur, je m'entoure de Lumière blanche et appelle à moi cette présence, JE SUIS, que je chéris. Je sens ma conscience s'élever jusqu'à ce qu'elle prenne contact avec l'énergie de l'Archange Michaël, qui pénètre doucement le chakra au sommet de ma tête, puis vient le message. Les mots se précipitent vers l'extérieur pour façonner un texte presque parfait (à l'exception de la coquille occasionnelle). Le temps de réception d'un message peut varier de quarante-cinq minutes à une heure, parfois même un peu plus, selon la complexité de l'information. Comme médium, je reste consciente, observant le processus, quelque peu dissociée, mais toutefois lucide.

Je maintiens un lien merveilleux et constant avec l'énergie du seigneur Michaël, je sens sa présence m'abriter jour et nuit. Cette bénédiction a transformé ma vie et épanoui ma conscience au-delà de toute conception. Au cours des âges, plusieurs d'entre nous ont suivi des voies parallèles aux forces angéliques : par notre interaction, notre aide, notre création, notre apprentissage au fil de notre envol dans l'univers. Tous, nous retournons vers l'état naturel, là où nous entendrons, verrons et cheminerons avec les anges et les Maîtres ascensionnés. État où il nous sera désormais impossible de nier notre nature divine.

Le seigneur Michaël affirme que ses paroles sont inspirées de l'essence d'amour et de lumière transmise par Dieu/Déesse/Créateur. Laissez cette énergie imprégner votre être en ressentant la chaleur de sa présence.

Les messages ne procèdent pas systématiquement de l'ordre où ils me furent transmis. L'archange a établi la séquence suivant laquelle ils seraient présentés dans ce livre. Ces transmissions semblent toutefois avoir acquis un sens encore plus riche, plus complet, parce que nous avons, je crois, davantage de sagesse et une plus grande aptitude à comprendre pleinement ce que Michaël a tenté de nous communiquer avec tant de patience et de bienveillance depuis les dernières années.

Je partage avec vous cette offrande de la même manière qu'elle m'a été accordée.

Avec amour,

Ronna

# Le début

Je souhaite vous présenter un court aperçu de ma vie afin que vous sachiez que je ne suis en rien différente de vous. Nous sommes tous doués de cette faculté de communier avec les anges et les êtres supérieurs ; c'est là un droit acquis que nous avons simplement oublié. L'Archange Michaël, d'autres êtres angéliques, et les Maîtres ascensionnés se révèlent chaque jour à un nombre croissant de gens. Le voile entre les dimensions s'estompe, et nous perçons cette illusion qu'est notre séparation de la puissance de Dieu. La communion avec ces êtres merveilleux est chose normale : le fait d'être dissociés de notre Moi transcendant et des Messagers de Dieu/Déesse/Créateur universel, voilà ce qui était anormal.

De plus en plus de gens font état d'expériences paranormales dont certaines sont d'une beauté ineffable, mais d'autres, inconfortables, déroutantes, déconcertantes. Cependant, elles s'intègrent toutes au processus de transformation que nous traversons depuis les dernières vingt années.

Mon histoire pourra peut-être vous aider, vous et ceux qui vous entourent, à comprendre ce qui se produit lorsque vous faites l'expérience de la clairaudience, de la clairvoyance, de visions, de réalités multidimensionnelles, de voyages hors du corps, de vagues réminiscences de vies antérieures ou d'impressions de déjà-vu. Je sens qu'il est important pour moi de partager les transitions que j'ai traversées, mon éveil spirituel et la quête qui a atteint son apogée lorsque je suis devenue télépathe et messagère cosmique de l'Archange Michaël.

Bien que j'aie été de tout temps en quête de la vérité et que même à un très jeune âge j'éprouvais une frustration et une insatisfaction à l'égard de la religion fondamentaliste que mes parents m'imposèrent, ce ne fut pas avant l'âge de quarante ans que j'obtins les réponses et pris conscience qu'au-delà de ce qu'on m'avait enseigné, quelque chose existait là, dehors.

À cette époque, j'étais l'adjointe administrative du président d'une entreprise fabriquant de l'équipement de télévision, à Salt Lake City. Je venais d'épouser Kent Herman, lui-même directeur régional des ventes de la Western Airlines. Pour nous deux, il s'agissait d'un second mariage. Nous avons fait un voyage formidable autour du monde, vers des lieux exotiques que je n'aurais jamais cru avoir la chance de visiter un jour. Nous adorions notre travail, nous nous adorions mutuellement, et notre vie commune était passionnante et nous comblait. Une femme merveilleuse, Vickey, dirigeait le service de publicité de l'entreprise pour laquelle je travaillais, et nous sommes devenues de grandes amies. Elle avait un pouvoir, une sagesse, bien au-delà de son âge, et elle était certainement en avance sur son temps. Un jour, elle vint dans mon bureau me dire qu'elle avait participé, le soir précédent, à un atelier tout à fait intéressant ; on y avait discuté d'écriture automatique, de ce que c'était et de la manière de s'y adonner.

Elle poursuivit, m'enseignant comment faire et, après avoir tenu le crayon quelques minutes, sans intervention consciente de ma part, ma main se mit à barbouiller et à gribouiller, puis à écrire : « Lilliam Beemer, Lilliam Beemer. » Comme on le lui avait enseigné, Vickey me suggéra de demander s'il m'était permis d'en connaître le sens. On me répondit : « Pas encore. » C'est alors que ma main se mit à noter : « Va à ta machine à écrire. » Ce que je fis, laissant mes mains reposer légèrement sur le clavier. Elles se mirent presque immédiatement à taper à toute allure. Le message ressemblait à ceci : « Nous sommes heureux de prendre enfin contact avec vous. Vous deviendrez le vecteur d'une conscience nouvelle, d'une vérité élevée. L'un de vos rôles est de devenir écrivaine, et l'on vous transmettra l'information à communiquer à ceux qui sont prêts à l'entendre. Mais tout d'abord, il y aura une période d'éveil, de purification et d'évaluation. » Le message contenait davantage, mais dans l'ensemble, c'est ce qu'il révélait.

Vickey resta stupéfaite, et lorsque j'eus fini de dactylographier, elle lut le message et s'exclama : « Fabuleux ! C'était beaucoup trop facile. Tu as certainement déjà fait cela auparavant, dans une vie antérieure. Je crois qu'on ne doit pas pousser l'expérience jusqu'à ce que l'on t'ait instruite davantage et enseigné à te protéger. »

C'est ainsi que tout débuta. J'avais un peu lu sur les religions orientales et sur la réincarnation, mais je n'avais pas d'opinion précise sur le sujet. Je pense que je la considérais comme plausible, tout comme ce qui m'avait été enseigné au catéchisme dans ma jeunesse, mais je n'avais jusque-là rien lu ou entendu qui avait retenti en mon cœur comme ma vérité propre.

La biographie d'Edgar Cayce, *There is a River*, fut le premier livre que Vickey m'apporta. Cet ouvrage a littéralement anéanti mon système de valeurs. Quant à la documentation sur Seth, canalisée par Jane Roberts, elle m'ouvrit d'autres perspectives de conscience et pulvérisa mes superstitions et mes convictions, bien établies. À partir de ce moment, je me suis sentie vulnérable et esseulée. Ce n'était pas facile d'apprendre qu'il n'y avait pas un Dieu, « là-haut », qui manipulait tout et contrôlait nos vies, de découvrir que nous étions en fait responsables de notre réalité et que « tout » n'en tenait qu'à nous.

Telle une obsédée, je me mis à lire tout ouvrage métaphysique qui me tombait sous la main. Je consultai un dentiste qui employait l'hypnose sur ses patients et me rendis compte que je pouvais glisser dans un état second presque instantanément. Il me dit : « Vous êtes l'un des meilleurs sujets que j'aie eus. » Je lui demandai s'il pouvait me conseiller des ouvrages sur cette question. Ce qu'il fit. Et peu de temps après avoir lu le premier livre, mon mari, son fils de seize ans, Dan, et moi-même sommes allés faire du rafting sur la rivière Colorado. Le voyage était excitant, exaltant, et nous nous amusions follement... jusqu'au troisième jour lorsque, au moment de notre descente de l'un des rapides les plus tumultueux sur cette rivière, le ponton avant droit fut arraché et se replia sur l'avant de l'embarcation où je me trouvais, tordant ma jambe gauche et la repliant vers l'arrière, la fracturant à trois endroits. Le tibia avait subi une fracture en spirale, et le péroné s'était brisé en deux points.

Un hélicoptère m'évacua. Après que le chirurgien orthopédique à Salt Lake City eut terminé de replacer les os et de plâtrer ma jambe, il déclara : « Vous porterez sans doute ce plâtre pendant au moins trois mois. Les os se réparent beaucoup plus lentement à votre âge. »

Je passai alors le plus clair de mon temps allongée dans la confortable chaise longue de mon mari, à lire sur l'autohypnose et à m'y exercer. Je découvris que j'étais capable d'éliminer la douleur pendant aussi longtemps que quarante-cinq minutes à la fois. Après quelques jours, je jetai mes analgésiques aux ordures. Je me mis à me concentrer sur la visualisation ferme et claire d'une énergie bienfaisante dirigée vers ma jambe. Six semaines plus tard, mon mari m'emmena chez le médecin pour ma radiographie. Je lui dis alors : « Aujourd'hui, on me mettra un plâtre de marche », ce à quoi il répondit : « Ne sois pas si optimiste, chérie, c'est trop tôt. »

Lorsque le médecin entra dans la pièce après avoir examiné les radiographies, il déclara : « C'est étonnant, votre jambe a guéri aussi parfaitement et rapidement que celle d'un adolescent de seize ans. Je pense qu'on pourra vous poser un plâtre de marche dès aujourd'hui. » Kent était sidéré !

Je déclarai au médecin : « Ne vous moquez pas de moi, mais j'aimerais vous dire ce que j'ai fait. »

Après avoir entendu mon histoire, il répliqua : « Eh bien, je ne me moque pas, ça a fonctionné. Le cerveau et le pouvoir de l'esprit sont des domaines que nous commençons à peine à entrevoir et à étudier. Poursuivez ce que vous faites, ça ne peut certainement pas faire de tort. »

Au bout de trois mois, on m'enlevait le plâtre de marche, et, au bout de cinq, je dévalais les pentes de ski. Ma jambe ne s'est jamais atrophiée et n'a plus jamais été douloureuse.

Je me mis à l'étude de la réincarnation et des états seconds. Bientôt, je m'adonnai régulièrement à la méditation. En peu de temps, je me mis à entrevoir des souvenirs furtifs de vies antérieures. Je ne suis pas visionnaire, je ne voyais donc pas d'images, mais une certaine connaissance jaillissait, tout simplement. L'histoire apparaissait à mon esprit, et je ressentais les choses qui s'étaient passées. J'appris que Lilliam Beemer était mon nom dans une de mes vies antérieures très importantes. Cela apporta une réponse à plusieurs interrogations, notamment au sujet de mon rapport malheureux, inachevé, avec mon père. Le chapitre intitulé *The warrior maid* dans mon livre *Once upon a New World* [disponible en anglais seulement] est fondé sur cette vie. Cela ne s'est pas produit fréquemment, mais, de temps à autre, une vie jaillissait en ma conscience, me permettant de concevoir ou d'apprendre la manière dont elle avait influencé mes rapports actuels, ou encore, l'origine de plusieurs angoisses ou impulsions.

En 1976, mon mari fut transféré à San Diego. À l'époque, le changement s'avéra traumatisant, mais je pris plus tard conscience du fait que cela faisait partie d'un plan divin. J'obtins mon permis d'agent immobilier et décrochai un poste où je gérais un bureau de trente à trente-cinq employés. Je fis la rencontre d'un autre merveilleux maître et me trouvai bientôt plongée dans l'étude des signes du zodiaque. Par la suite, je commençai à donner des lectures astrologiques spirituelles.

J'en étais venue à pratiquer régulièrement le *channeling* sur ma machine à écrire et j'interprétais des vies passées pour ma famille et mes amis. Je m'asseyais, les mains reposant légèrement sur le clavier, posais une question sur une relation ou un problème, et une histoire ou une explication jaillissait. Quelquefois, je chantonnais ou récitais des vers afin de m'assurer que l'information ne provenait pas de mon subconscient mais bien de quelqu'un, ou de quelque chose, distinct de moi. Cela n'affectait en rien le processus, l'information continuait de me parvenir, surprenant ceux pour qui je canalisais, et moi aussi, d'ailleurs. Je ne me sentais pas toujours à l'aise avec la responsabilité que je considérais assumer pour autrui. Mais après un certain temps, après qu'on m'eut répété encore et encore : « Ça colle vraiment ; c'est tout à fait exact ; maintenant, j'y vois clair », je me rendis compte que c'était là un don qu'on m'avait accordé et que je partageais avec les gens autour de moi. Je leur laissais le choix d'accepter cette offrande comme leur vérité ou de la rejeter.

Dès lors, je canalisais plusieurs guides sur ma machine à écrire ; l'un de ceux qui communiquaient le plus souvent se nommait Anthony. Il se disait l'un de mes guides personnels. Je canalisais également une entité douce, bienveillante, qui se nommait Al-E-Ta.

En 1984, mon mari et moi avons pris notre retraite. Nous avions travaillé longtemps et durement au cours de nos carrières respectives, voyagé beaucoup et pris plaisir à tout ce que la vie sociale avait à offrir. Notre souhait commun était de jouir de la sérénité, de la paix et de la tranquillité de notre magnifique chalet. Au fil de diverses circonstances, que je sais maintenant être d'intervention divine, nous fûmes amenés à acheter cette résidence, sise sur plus d'un acre d'un terrain peuplé de chênes imposants et traversé d'un joli petit ruisseau. C'est là toute une histoire en soi, mais qu'il me suffise de dire qu'un premier miracle nous mena à la propriété et qu'un autre dissipa tous les obstacles qui s'opposaient à ce que nous disposions de deux autres propriétés, ce qui nous permit de conclure la transaction dans les trente jours prévus.

J'avais ainsi le loisir de m'adonner à mes études, de reprendre contact avec notre mère la terre tout en planifiant l'aménagement paysager de la cour et de prendre plaisir à ma retraite avec mon mari. Tout semblait parfait. Puis, en 1986, le processus de purification commença vraiment. Je fus affligée d'une broncho-pneumonie qui me laissa affaiblie et diminuée. Je me mis à engraisser et à souffrir du dos. J'étais profondément malheureuse et désillusionnée.

Je méditais, priais et demandais souvent : « Pourquoi, pourquoi maintenant, alors que je m'efforce tant de vivre mes convictions spirituelles ? Qu'est-ce qui ne va pas ? »

La situation se prolongea jusqu'au début du printemps 1987. Je me souviens clairement de cette journée. Je venais de finir des exercices de yoga et m'étais allongée sur le sol pour méditer. Je me sentais découragée et triste, comme si la vie ou tout ce que j'avais accompli était dépourvu de sens. Mes yeux étaient clos, et malgré tout, les larmes coulaient, mouillant mon visage. Je sentais que j'étais une minuscule particule d'énergie dans la vastitude de l'espace... Mentalement, je me voyais tenir mon âme entre mes mains et l'élever vers Dieu en disant : « Je ne sais plus quoi faire. Voilà, prenez-la, vous devez savoir quoi en faire. »

Soudainement, comme si un porte-voix hurlait à mon oreille, j'entendis cette voix grave me dire, sur un ton fort et clair : « Il était temps ! Nous attendions que ton ego se dissipe pour que nous puissions commencer à travailler avec toi. Notre nom est TRI-TON, et nous serons désormais ton maître. »

Pendant un moment, je crus avoir sombré dans la démence. En effet, jour après jour, jardinant ou vaquant à mes tâches quotidiennes, cette conversation se poursuivait dans ma tête. Je posais des questions à propos de tout ce qu'on peut imaginer et recevais en retour des réponses claires, concises, bienveillantes. Je m'enquis de toutes mes relations, des événements de ma vie et de leur sens. Je souhaitais également connaître mes vies antérieures saillantes, savoir qui en étaient les acteurs et le rôle qu'ils jouaient dans ma vie présente. Mes sentiments de frustration et de tristesse au sujet de certaines expériences ou de quelques échecs se dissipèrent à mesure que les énigmes et les pièces de ma vie trouvaient leur place et que tout s'éclairait.

Je racontais mon histoire à quelques-uns de mes meilleurs amis ou proches parents, ceux que je savais capables de comprendre sans être choqués. Je posais bientôt des questions en leur nom et leur transmettais les réponses. En peu de temps, TRI-TON m'incita à le laisser utiliser ma voix. Encore une fois, j'avais peur et j'hésitais, ne travaillant qu'avec mes proches – ceux avec qui je me sentais en parfaite sécurité et dont je connaissais l'amour inconditionnel. Je me livrais bientôt à des régressions de vies antérieures, TRI-TON dirigeant et guidant mes clients avec amour, les aidant à éprouver les émotions et à percevoir la pertinence de ces relations et de ces vies importantes, transcendant les limites, dispersant les formes-pensées négatives.

Ma santé refleurit, et je commençai à percevoir le monde

sous une tout autre lumière. Il me semblait que je flottais à travers mes journées, accomplissant tout ce qui devait se faire, que ce soit creuser le jardin, nettoyer la maison ou me plonger dans mon œuvre spirituelle. Comme si une partie de moi observait depuis un lieu parfait, alors que mon corps effectuait toute la besogne physique.

À cette époque, plusieurs de mes amis traversaient aussi le processus de purification et d'élimination, évoluant à vive allure. Nous ressentions le besoin de partager ce que nous apprenions et vivions, d'offrir soutien et encouragement mutuel. Nous avons donc organisé des rencontres aux deux semaines afin d'échanger de l'information, des bouquins et ce que nous apprenions dans les séminaires et les ateliers. Ensemble, nous étudiions, méditions et avons ainsi créé un groupe familial spirituel chaleureux, aimant, et qui à ce jour reste intact, bien que plusieurs aient emprunté une direction ou une voie spirituelle divergente.

Notre conscience spirituelle grandissait et évoluait rapidement. Le temps s'accélérait, et le monde se transformait à un rythme vertigineux. Je canalisais TRI-TON régulièrement, soit lors de séances privées ou en groupe. Je le faisais souvent dans nos rencontres, et chacun ressentais alors son énergie bienveillante, dynamique, lorsqu'il s'exprimait à travers moi.

Il nous révéla qu'il appartenait à une énergie plus vaste, une essence aux aspects multiples, un être multidimensionnel – pas nécessairement de sexe masculin, bien sûr, mais dont l'énergie semblait puissante et très mâle. Il employait toujours le « nous » et affirmait que ce groupe d'énergies ne s'était jamais incarné dans le domaine physique, mais avait de tout temps été un maître enseignant depuis les plans causal et mental supérieurs des royaumes éthériques. Cette énergie s'intégrait dans une version plus ample de notre âme, et nous qui nous étions réunis pour apprendre et évoluer, telle une famille spirituelle, serions un jour réunifiés à cet être illimité, ajoutant notre conscience, notre amour et notre expérience au Tout. Il se dit à la disposition de chacun d'entre nous, une fois libérés de l'écran énergétique formé par l'accumulation de pensées et de vibrations émotionnelles négatives. En peu de temps, plusieurs membres de notre groupe reçurent des réponses ou des impulsions de la part de TRI-TON et sentirent un lien très étroit avec cette entité aimante.

Un jour, alors que je jardinais, m'apprêtant à tailler les nouvelles pousses d'un petit bosquet d'arbres de Noël, TRI-TON parla : « Le temps est venu pour toi de prendre la plume. Tu vas rédiger un livre qui s'intitulera *Once upon a New World.* » Je fus quelque peu déconcertée. Toutefois, puisque je n'avais aucune idée du thème de cet ouvrage ou de la façon dont je m'y prendrais, je n'y ai pas repensé pendant des semaines. Et puis, subitement, des scènes commencèrent à s'immiscer dans mon esprit, et je ressentis le besoin impérieux de les mettre sur papier. Je passais mes soirées au salon et, pendant que mon mari écoutait la télé, soir après soir, j'écrivais, parfois d'une écriture courante, parfois en sténo, mes mains voletant d'une page à l'autre d'un bloc-notes jaune de grand format, à mesure que l'histoire se déployait. Le lendemain, je corrigeais et dactylographiais ce que j'avais écrit le soir précédent (à cette époque, je ne possédais pas d'ordinateur). Je terminai le premier jet du manuscrit en quatre mois, mais je passai beaucoup plus de temps à le réécrire, à l'affiner et à le terminer. Je tapai laborieusement les 326 pages du manuscrit à deux reprises, outre les nombreux ajouts ou retraits. Puis, grâce à un autre miracle, j'eus la chance de me procurer à prix d'aubaine un ordinateur de seconde main, avec ses logiciels, et une imprimante. Mon amie très chère, Connie, qui le dénicha, m'a de plus enseigné tout ce que j'avais à savoir pour en maîtriser l'usage. Je tapai donc le manuscrit de nouveau, cette fois sur disquette.

À cette époque, je me mis aussi à écrire de la poésie. Je m'éveillais au milieu de la nuit, les mots déboulant dans ma tête. Il fallait que je les écrive sur le coup sinon, au petit matin, ils s'évanouissaient. Sur une période de six mois, j'écrivis plus de vingt poèmes, puis ils cessèrent. À l'occasion, mais plutôt rarement, il y en a un qui s'élabore dans mon esprit. Et si j'essaie d'en produire un sans ma muse, alors, c'est un désastre.

Entre 1987 et 1991, je vécus plusieurs situations, dont

certaines étaient malaisées à partager avec mon groupe spirituel. Souvent, en méditation, je tremblais si violemment que mon corps se soulevait du lit ou du sol. Je sentais fréquemment des ondées d'énergie circulant vers le haut et le bas de mon corps, me laissant avec une sensation de faiblesse suivie d'exaltation. En méditation, j'étais transportée vers des temples ou des lieux d'assemblée lointains, là où des initiations collectives semblaient prendre place. Un soir de pleine lune, alors que j'étais à l'extérieur, en méditation sur mon rocher préféré, une voix me demanda en chuchotant : « Es-tu prête ? » Mentalement, je répondis : « Oui. » On me posa la question à trois reprises, et je répondis chaque fois par l'affirmative. Et puis, ce fut tout. Rien de plus ne se produisit. Je n'étais pas certaine de ce que j'avais accepté, mais, en mon cœur, je sentais que j'avais donné la seule réponse possible.

Peu après, un autre fait vint ébranler ma réalité. Je collectionnais et faisais usage de cristaux et de pierres, comme beaucoup d'adeptes du Nouvel Âge. Il y avait un cristal générateur que je préférais, et un autre à deux pointes, que j'employais en méditation. Un dimanche, je me retrouvai avec ma copine Sarah à un kiosque d'échange, à la recherche d'un petit cristal pour un ami. En regardant une vitrine poussiéreuse remplie d'anciens bijoux de théâtre et d'autres trésors, j'aperçus dans un coin un cristal sali, fade, d'une longueur d'environ 7,5 centimètres et d'une largeur de 2,5 centimètres à sa base. Je demandai à le voir. Lorsque je le saisis, un frisson parcourut mon bras, puis mon corps. Je m'enquis du prix, et lorsque la dame me répondit que cela faisait neuf dollars, je l'achetai immédiatement.

Plusieurs jours de nettoyage, d'immersion, d'exposition au soleil furent nécessaires avant que le cristal commence à s'ajuster à moi. Je ne savais pas d'où il provenait, mais j'étais certaine que son itinéraire avait dû être long et tumultueux. Le cristal était désormais pur, clair, lisse et immaculé. Il était plutôt plat que rond, et se terminait par une pointe assez fine. Il tenait parfaitement dans ma main et, comme je m'attachais rapidement à lui, je me mis à l'employer durant mes méditations.

Un jour que j'étais absorbée dans une profonde méditation, le cristal dans ma main droite, celle-ci se mit à picoter et à s'emplir de chaleur. Des mots affluèrent soudainement à mon esprit, non pas par la voix de TRI-TON, mais simplement tel un savoir : « Je suis Excalibur. Je symbolise la pointe du puissant glaive de l'Archange Michaël. Je représente le courage, la vérité et la volonté divine. Je suis revenu vers vous afin que vous vous souveniez que vous êtes l'un de ses sujets, un membre de sa chère Légion de Guerriers. »

Je demeurai silencieuse un long moment, mais plus rien ne vint. J'étais à la fois excitée et terrifiée, sans savoir que faire de ce dernier rebondissement. Depuis cette expérience, toutefois, je ressens le besoin d'avoir le cristal avec moi en tout temps. Je dors avec ce dernier posé sur la table de chevet près de mon lit et je le garde dans mon sac à main, dans une pochette de velours. Lorsque je canalise par le biais de l'ordinateur, je le place sur mon cœur et je ne me sens pas entière si je médite sans lui.

Quelques semaines plus tard, TRI-TON me révéla dans une conversation privée : « Un nouveau maître éminent viendra à toi. Tu as achevé le processus de purification, et l'énergie entre nous est maintenant pure et sans entraves. Tu ne fais plus qu'un avec notre énergie, de sorte que nous sommes en union parfaite. Nous grandissons et évoluons avec toi, et nous aussi tendons vers le suprême et au-delà. Nous sommes des parties de toi ; tu es une partie de nous. Voilà la voie souhaitée de l'ascension en vue d'atteindre le Soi supérieur, de s'unir puis de tendre vers le prochain niveau, puis le prochain encore, jusqu'à la conscience christique, puis encore plus haut jusqu'à la présence Je Suis. Plusieurs niveaux et dimensions existent à l'intérieur d'autres dimensions sur la voie de l'ascension, et chaque pas est une victoire. »

J'étais pour le moins stupéfiée, mais il semblait que j'avais atteint une lucidité nouvelle, une dimension inconnue. Alors que je devais auparavant passer par un processus méditatif pour atteindre un état second et rejoindre l'énergie de TRI-TON, il semblait maintenant que cette énergie m'accompagnait constamment.

Je pouvais me syntoniser sur elle, aussi facilement que de changer de station radiophonique, en modifiant simplement mon esprit. Je commençai à percevoir les gens et les situations sous un tout autre angle. Je pouvais poser un regard de compassion sur les êtres apparemment les plus misérables et les plus vils - meurtriers, violeurs, criminels - non pas du fait de ce qu'ils étaient ou de ce qu'ils avaient commis, mais à cause de l'étincelle de divinité en eux. Les situations ou les choses m'importunaient rarement ; je sentais que tout avait une raison, pour le bien suprême de tous. Je devins plus tolérante et fis preuve d'équanimité. Je cessai d'avoir des opinions sur plusieurs sujets, concevant le bien-fondé et la validité de tous les aspects de la question. Je devins, essentiellement, plus aimante.

Mon groupe spirituel fit une merveilleuse retraite de trois jours portant sur l'activation et l'accélération du 11/11, le 11 janvier 1992. TRI-TON s'était joint à nous, et nous nous sentions étroitement liés et en harmonie avec l'Esprit. Nous sommes tous rentrés chacun chez soi nantis d'une lucidité nouvelle, du sentiment qu'un événement profond avait eu lieu.

Quelques jours plus tard, je décidai de faire un enregistrement, à l'aide de l'énergie de TRI-TON, afin de graver ce qui était ressorti de ces trois jours. Au moment même où je m'installai avec le magnétophone, je sentis une vague d'énergie traverser mon corps. Elle semblait s'accumuler à la base de mon crâne. D'une voix très grave, et apparemment distante, je me mis à parler :

« Très chère fille de Lumière, je te transmets les salutations du Très Haut. Je viens à toi aujourd'hui afin d'exprimer ma joie devant tes accomplissements et les progrès que tu as faits en ce court laps de temps. Je viens à toi par l'intermédiaire de l'énergie de l'entité que tu connais sous le nom de TRI-TON. Toi, qui es devenue un médium clair pour la Lumière et qui as ouvert les ondes énergétiques me permettant d'entrer en contact avec toi grâce à l'énergie compatible de TRI-TON. Je suis celui que tu connais sous le nom d'Archange Michaël. Je t'enverrai un messager qui te transmettra de l'information provenant de moi, et tu dois noter cette information sur ton ordinateur de façon qu'elle puisse être facilement diffusée à autrui. Sache que je te garde dans mon amour bienveillant et que tu es sous ma direction immédiate et mon égide, de même que celles des Maîtres ascensionnés. »

Pendant les deux jours qui ont suivi, je me suis sentie quelque peu absente. Je n'avais pas mal à la tête, mais je la sentais en expansion, comme si une grande quantité d'énergie était pressée à la base du crâne ; cette sensation diminua toutefois peu à peu. Après quelques mois d'adaptation, le seigneur Michaël se mit à venir à moi directement plutôt que par l'entremise de son messager. Maintenant, lorsque je m'installe devant mon ordinateur, que je m'entoure de Lumière invincible et me syntonise à la présence Je Suis, je sens affluer une énergie douce et bienveillante quand mes mains survolent le clavier. Les messages viennent rapidement, créant un texte presque sans erreur et je ressens toujours une exaltation. Toutefois, lorsque j'ai terminé, je suis calme et paisible. Je me sens bénie d'avoir été choisie comme récipient de tant d'énergie et de lucidité aimante. Je sais que je ne suis jamais seule et que ma vie a véritablement un sens. Je ne crains pas l'avenir et je ne suis pas dupe du scénario qui prévoit apocalypse et ténèbres. Cette expérience ne s'est pas toujours avérée facile, mais je n'aurais renoncé à un seul instant pour rien au monde. Et n'est-il pas merveilleux de savoir que LE MEILLEUR EST À VENIR !

J'envoie de l'amour et de la Lumière à chacun, à tous ceux qui cheminent sur la Voie. Comme le mien, que votre périple soit passionnant, merveilleux et vous comble pleinement. Un de ces jours, nous serons réunis.

# Message aux amis de langue française

Bien-aimés, je souhaite vous entretenir de votre héritage et de cette chance que vous avez tous d'offrir un exemple au monde et de servir de catalyseurs favorisant l'éveil des gens. Vous êtes les descendants d'une race ancienne venue sur Terre bien avant l'apparition de la nation ou du peuple français. Une admirable diversité d'expressions, d'aptitudes, d'aspects et d'attributs fut alors apportée sur Terre dans le cadre du plan divin. Votre héritage provient de l'Âge d'or de la Lémurie, lorsque prenait place l'intégration du corps émotionnel dont vous étiez les architectes grandioses. Vous apportiez avec vous les souvenirs de vos contrées éloignées. Vous êtes d'abord venus sur Terre, vivant dans une joie intense et dans l'harmonie, en tant qu'artisans, et vous avez exprimé votre créativité de diverses manières. Vous avez participé à la création de toutes les merveilles et beautés de la nature, et en outre, vous avez introduit la douceur, la subtilité de l'Esprit.

Après le déclin de cette civilisation évoluée, vous avez été disséminés de par le monde, habités des souvenirs de votre chez-vous dans les galaxies et de la perfection de votre toute première incarnation sur cette Terre. Cette nostalgie se perpétue en vous, d'une incarnation à l'autre, en d'innombrables contrées, au sein de races, de cultures différentes, sous des formes féminines ou masculines.

En cette époque d'éveil, le voile de votre mémoire s'estompe. Il est important de comprendre la raison de ce choix d'exprimer, de vivre votre lignée française une fois de plus. La permission vous a été accordée de vous rassembler de nouveau en tant que race en vue de retrouver cette beauté et cette perfection que vous aviez apportées avec vous il y a de cela plusieurs millénaires. À l'instar du reste de l'humanité, vous avez oublié votre mission et avez échoué sous l'influence de l'ego qui cherche confirmation et estime depuis l'extérieur. Ce dernier peut engendrer votre séparation, votre isolement, des guerres terribles et des abus de pouvoir, comme pour toutes races et cultures. Beaucoup de sang entache actuellement le sol français ; des quantités de haine, de crainte ont déferlé dans les éthers. Voici que s'offre à vous l'occasion de guérir votre passé pour vos ancêtres et pour votre mère patrie.

Même ceux d'entre vous qui ont émigré vers les Amériques, ou d'autres pays, ont apporté avec eux le potentiel de guérir le passé, d'amener l'unité plutôt que la division et celui de percevoir tous vos frères et sœurs comme de magnifiques expressions du Créateur. En équilibrant vos corps mental, émotionnel et physique, et en vous syntonisant à l'Esprit, vous redeviendrez les architectes que vous étiez, et de vous émanera la douceur et la subtilité de l'Esprit.

Peuple puissant, chaleureux, généreux, intrépide et empreint de compassion lorsque vous êtes sous l'influence de l'Esprit. Par contre, quand vous chutez sous l'empire de l'ego, vous devenez intolérants et nonchalants. Par vos attributs spirituels, vous atteindrez à la paix, à l'abondance, à la joie et à l'amour, tout ce à quoi vous aspirez si ardemment. Mais votre moi-ego ne réussira qu'à vous entraîner dans une spirale descendante vers l'illusion, la crainte, la pénurie et la souffrance.

Mes bien-aimés, consentirez-vous au don qui vous est fait ? La revendication de votre héritage et de toute la magnificence de votre être véritable ? Nous vous concevons comme des êtres rayonnants, scintillants d'étincelles de Lumière, des êtres qui n'attendent que le moment de jaillir sous la forme d'Êtres stellaires cristallins, ce qui a toujours été votre destinée.

Appréciez votre caractère unique, mais réjouissez-vous également de l'Unicité, ce retour à la conscience unifiée. Partagez la sagesse que vous avez acquise grâce à maintes aventures à travers les millénaires, mais accueillez également la sagesse que les autres ont à offrir.

J'ai veillé sur vous, mes intrépides guerriers, de par toutes ces épreuves, et je suis prêt à répondre à votre appel. Je vous entoure, je vous étreins en un *aura* d'amour et de protection. Vous êtes profondément aimés.

*Je Suis l'Archange Michaël*

Texte reçu en juillet 1998

# Le pourquoi de moi

Sur le chemin, je cherche
À trouver le pourquoi de moi.
L'identité du « je » au tréfonds,
Le moi véritable dissimulé.
Voilà, je me dévoile et
Avec un peu de chance, on peut m'apercevoir.
Le voile s'estompe, tombent les défenses.
Et l'espace d'un instant, me voici,
Le qui, le comment, le pourquoi de moi,
Mystère pour tout autre que Dieu

par Ronna Herman

# Ténèbres et apocalypse ou un monde nouveau et heureux : le choix vous appartient

Salutations, amis très chers, nous venons à vous comme messagers du seigneur Michaël.

Nous souhaitons aujourd'hui discuter avec vous de votre avenir et de l'avenir de votre monde, tel que vous le connaissez. Êtes-vous dupes de ce scénario selon lequel le monde est voué aux ténèbres, à l'apocalypse et à l'anéantissement, ou êtes-vous en paix, conscients du fait que le plan universel du Créateur est parfait ? Sachez que vous rencontrerez ce à quoi vous vous attendez. Vous êtes au cœur de l'aube d'un Nouvel Âge : un processus d'enfantement. Et la naissance d'une chose nouvelle n'est jamais confortable, mais elle est vite oubliée dans le ravissement et la beauté d'une vie toute neuve.

Vous, les travailleurs de la Lumière, éclaireurs du Nouvel Âge et de la conscience nouvelle, portez la responsabilité de concentrer votre énergie sur la beauté et la perfection du processus. En d'autres termes, il vous faut court-circuiter l'énergie négative qui assaille votre monde par le biais de la peur, de la dépression et du désespoir de ceux qui sont incapables d'absorber l'énergie accrue infusant votre planète. La face obscure de l'humanité paraît, mais cela ne sera plus toléré. Pour ceux qui continuent d'opérer sur ce mode désuet de l'humain-animal, procédant de l'avidité, de la violence, de l'égoïsme, de la méfiance et du refus, le monde semblera en effet un lieu de démence et de chaos.

La responsabilité qui vous revient de construire votre source de pouvoir interne et de concentrer cette énergie sur l'équilibre, la paix et l'harmonie est plus importante que jamais ; cela doit d'abord s'accomplir en vous-même, puis vous vous joindrez à vos partenaires spirituels en vue d'engendrer une synergie si puissante qu'elle pourra contrecarrer l'énergie négative dégagée par des milliers de gens. Vous pouvez, dans votre travail, bénéficier de la puissance des Maîtres. En règle générale, la population entretient des énergies de séparation et les subit intérieurement et extérieurement, tandis que vous, vous rassemblez vos forces et imprégnez la Terre ainsi que les éthers, magnifiant et attirant de vastes quantités d'énergie positive vers vous.

Vous êtes également l'ancrage de la mère Terre ; vous permettez que des havres de sûreté voient le jour au cœur de la tourmente. Ne laissez pas la peur ou le doute toucher votre conscience. Si vous acceptez comme faits accomplis tous les événements négatifs prédits pour un avenir prochain, eh bien, tel sera votre avenir ! Plus grand est le nombre de gens qui laissent ce type d'énergie entrer dans leur esprit et qui, ultérieurement, la projettent à l'extérieur comme une vérité personnelle, plus de chances auront ces prédictions de devenir réalité. Souvenez-vous ! vous devenez cocréateurs avec la partie de vous qui est un Maître, en donnant vie à toute affirmation positive que vous exprimez. Si vous ne maîtrisez pas vos processus mentaux, spécialement vos émotions, et ce, à chaque instant, alors il est tout à fait possible que vous manifestiez des événements d'envergure cataclysmique ou les sinistres prophéties que véhiculent des gens bien intentionnés.

Ne savez-vous pas que les transformations peuvent s'accomplir miraculeusement, en entraînant un minimum de douleur et de destruction ? Bien sûr, la Terre exige un nettoyage, et les anciennes façons d'être et de penser doivent être transmuées, mais vous et ceux qui vous ressemblent avez été éveillés et nantis de pouvoir pour la simple raison que vous êtes aptes à produire ces miracles.

Nous, qui sommes d'autres dimensions et domaines, ne pouvons offrir qu'une aide limitée en l'absence de la permission et du consentement d'au moins une partie de l'humanité. Lorsque vous façonnez votre conscience divine, vous nous permettez d'augmenter notre aide à travers vous. Nous souhaitons que vous déployiez votre vaste potentiel. Nous vous incitons à accepter cette vérité universelle selon laquelle vous êtes cocréateur avec la Puissance divine. Quels sont vos rêves les plus fous ? Quel type de monde souhaitez-vous que la Terre devienne ? Construisez-le dans votre esprit, maintenez-le présent en votre cœur et imprégnez votre nature émotionnelle de l'aspiration à le voir se réaliser, puis commencez à l'affirmer dans la réalité. Vous avez à votre disposition toute l'énergie latente de l'univers. Le seul fait de lire et d'acquérir de la connaissance ne suffit pas. Le seul fait d'aspirer ou de souhaiter ne suffit pas. Sachez que vous êtes des dieux en devenir. Il vous faut croire dans votre être entier que vous avez un accès illimité à toute bonne chose et à toute chose parfaite qui n'attendent que vous les revendiquiez, que vous les ameniez à leur finalité.

Chers amis, vous devez vous élever au-dessus de ce qui est conçu comme bien ou mal. Vous devez vous draper d'une cape de non-jugement, d'équanimité. Vous devez vous aventurer dans votre conscience de la paix et de l'harmonie absolues, en accord avec votre Soi supérieur et avec votre conscience christique. Ne vous laissez pas influencer et ne vous sentez pas obligés de justifier vos convictions ou d'imposer cette lucidité accrue à qui que ce soit. Si une personne en détresse vient à vous, demandant de l'aide et des réponses, comblez ses attentes. Mais souvenez-vous de la règle des Maîtres : savoir, oser et se taire. Accumulez votre puissance en vous, affermissez-la dans l'action conjointe et dans l'énergie bienveillante de votre famille spirituelle, et avancez-vous dans toute votre gloire dynamique. Ainsi, rien ne pourra vous empêcher d'atteindre votre objectif le plus élevé. Soyez-en certains.

De plus en plus, chacun d'entre vous sera en harmonie avec sa conscience intérieure par l'intuition, les messages télépathiques ou la clairvoyance. En demeurant centré et en maîtrisant vos processus mentaux, vous serez toujours informé de ce que vous devez faire et du lieu où vous devez vous trouver. *Vous serez toujours au bon endroit au bon moment.*

Nous souhaitons vous encourager et vous assurer que vos efforts portent fruits ; par vos actions, les choses changent. Ne pouvez-vous pas sentir la différence en vous ? Prenez plaisir à la naissance de votre conscience nouvelle et réjouissez-vous du processus de transformation de votre Terre. Rendez l'expérience passionnante et excitante. Faites-en un périple vers de nouvelles dimensions, un précurseur du paradis. Le choix vous appartient. D'après l'un de vos dictons : « Tout est possible. » Nous vous confirmons que les possibilités vont même au-delà de tout. Sachez que vous êtes aimés et à jamais sous l'égide et la direction du seigneur Michaël et des Maîtres.

# Le processus de transformation

**Question** : Chers messagers, pourquoi plusieurs d'entre nous éprouvent-ils des vertiges et une faiblesse, et pourquoi nos cycles de sommeil sont-ils si irréguliers – un besoin accru à certains moments puis, à d'autres, une absence quasi totale de sommeil ? S'agit-il d'un problème physique et, si tel est le cas, quelle en est la cause ? S'agit-il d'un processus spirituel ?

Oui, nous venons à vous en tant que messagers du seigneur Michaël. Chers amis, nous allons vous expliquer le processus qui se déroule en ce moment et ce à quoi vous pouvez vous attendre dans un avenir immédiat. Il est important que vous compreniez tous clairement, et que vous ne paniquiez pas et tentiez de traiter ces symptômes à l'aide de moyens artificiels.

Tout d'abord, disons que le processus de transformation est fortement accéléré de façon que vous et d'autres artisans de la Lumière puissiez assumer les énergies nouvelles et dissiper toute énergie résiduelle de votre véhicule corporel. Cela s'avère nécessaire parce que tout déséquilibre résiduel engendrerait un désagrément, en plus de vous empêcher d'achever une transformation ou transmutation complète. Comme si vous chevauchiez deux dimensions, amis bien-aimés, et même trois, chez certains d'entre vous ! Votre être physique évolue dans un monde tridimensionnel, vos corps émotionnel et mental tentent de s'adapter à des expériences de la quatrième dimension, et votre conscience, ou votre Soi spirituel, tend quant à elle vers la cinquième dimension. Alors, vous voyez...

La structure moléculaire de votre cerveau se redéfinit. Certaines régions cérébrales s'éveillent : d'aucunes étaient restées dormantes depuis des milliers d'années, et d'autres, inactives des millions d'années durant. Votre malaise et votre sentiment de détresse sont donc justifiés. Le processus n'est pas physique au sens où vous l'entendez. En d'autres termes, vous n'êtes pas malades, et aucune influence extérieure n'est responsable. Ce processus est interne et spirituel. Accordez-vous un repos lorsque le malaise se fait sentir. Si vous ressentez une envie irrésistible de dormir, alors dormez puisque c'est ce dont vous avez besoin. Soyez à l'écoute de ces envies et de ces sensations que vous transmet votre véhicule physique. Cela accélérera votre évolution.

Mangez légèrement, fruits et légumes frais, buvez des liquides purs, de l'eau filtrée, des jus de fruits. Cela soulagera votre malaise. Sachez et comprenez que votre corps sera désormais incapable d'assimiler de la nourriture indigeste, épicée, riche. Votre système interne et digestif se transforme, se redéfinit au point que ces aliments produiront immédiatement une réaction. Certains d'entre vous en font déjà l'expérience et se tournent sagement vers les messages transmis.

Normalement, le processus que vous vivez se déroulerait sur une période de plusieurs centaines d'années. Effectivement, nous le répétons : plusieurs centaines d'années... Alors, imaginez le choc et la désorientation que subit votre véhicule physique ! Quelques-uns voient avec horreur leur poids augmenter. Inutile de s'affoler. Cela s'avère indispensable pour ceux qui franchiront cette évolution considérable qui a mis et mettra le système physique à rude épreuve. Votre âme s'efforce d'équilibrer et d'harmoniser tous vos véhicules corporels le plus rapidement possible. Comme par le passé, lorsque vous avez ressenti une détresse et une confusion psychologique alors que votre corps mental vivait sa transition, aujourd'hui c'est au tour de votre corps physique de vivre cette expérience. Le champ de votre aura se purifie, et vous alignez dans un juste temps vos corps mental et émotionnel aux corps supérieurs. Les comptes rendus faisant état de modifications dans la structure du temps et d'autres manifestations sont exacts. Oui, on met en place la prochaine phase, les énergies augmentent, et vous vous élevez à un échelon supérieur de l'échelle de l'évolution. Un aspect de la mécanique de ce processus consiste également en la modification de l'orbite de la Terre et en l'intensification du bombardement électromagnétique ou d'énergie cosmique. Attendez-vous à davantage de violence – la Terre absorbera de plus en plus d'énergie, de même que les humains, les animaux et la végétation. Ceux qui ne sont pas pourvus du nécessaire pour affronter cette énergie deviendront plus violents, dépressifs, affligés et confus. Attendez-vous à une augmentation du taux de suicide, d'accidents, d'événements inhabituels – tous dans le cadre du processus, voyez-vous. Vous pouvez imaginer la puissance et l'ampleur de cette énergie lorsque vous vous rendez compte qu'elle pénètre le centre de la Terre et chaque chose, chaque être, à sa surface. Si elle vous donne le vertige et laisse une sensation inconfortable, comment se sentiront, pensez-vous, ces pauvres âmes encore dans les ténèbres ? Il y aura une augmentation des maladies physiques et mentales, une accentuation de la confusion, une multiplication des crises d'hystérie et des dépressions nerveuses. Une violence croissante entre vous et même dirigée vers vous – une violence insensée où les gens agiront de manière irrationnelle et imprévisible. Tout ce qui était jadis sûr ne le sera plus ; des structures religieuses et économiques anciennes, s'effondreront. Si elles ne sont pas imprégnées de Lumière, elles disparaîtront.

Votre processus politique connaît des remous émotifs. Cependant, beaucoup de bien résultera de cela. La population émerge graduellement de sa léthargie ; on commence à remettre ces choses en question. L'armée traverse un processus de remaniement total de sa philosophie et de son éthique. Votre économie est bloquée, et les bons vieux remèdes ne fonctionnent plus. La Hiérarchie influence de plus en plus plusieurs domaines jusqu'ici hors de son territoire. Encore une fois, votre merveilleux travail et vos accomplissements comme artisans de la Lumière supposaient d'unir vos forces à celles des royaumes supérieurs, ce qui nous a permis d'œuvrer avec vos énergies et, avec votre assentiment, d'utiliser votre volonté afin de diriger ces énergies. Nous n'avons pas aboli votre libre arbitre, car voyez-vous, des milliers ont adressé la requête suivante : « Que votre volonté soit faite », ce qui nous a permis de diriger, comme jamais auparavant, l'énergie immaculée de Dieu vers votre Terre. Ne vous avions-nous pas dit que vous êtes les phares rayonnants, les ancres et les conduits de l'énergie cosmique ?

Ainsi, à mesure que se déploie l'énergie et que vous en absorbez les rayons revitalisants, vous en ressentez proportionnellement les effets. Vous vous demandez à quel moment les résultats viendront. Vous les apercevez, mais quand la manifestation physique aura-t-elle lieu ? Ce sera bientôt, amis très chers, beaucoup plus rapidement que vous ne l'imaginez. Ne vous inquiétez donc pas de ces vertiges et de ces malaises anodins. Ils seront vite passés, et vous serez stupéfaits devant ce qui se produira – une conscience nouvelle, une vision neuve, des dons spirituels nouveaux, des connaissances inédites et oui, éventuellement, un corps neuf.

Vous n'aurez rien à subir qui ne soit plus difficile que ce qui est déjà révolu. Vous avez parachevé, accompli, les aspects les plus ardus de votre transformation. Le reste du trajet sera plus aisé. Prenez plaisir à votre transformation, au retour vers l'identité authentique, vers le véritable Moi. Vous serez intensément satisfaits du parachèvement de cette phase particulière de votre évolution. Puis, vous passerez à des choses meilleures et plus élevées. Nous avons hâte de vous accueillir en notre monde, chers amis. Vous êtes aimés et vous nous manquez. Amour et bénédictions de la part du seigneur Michaël et des Maîtres.

# Maîtriser les facultés télépathiques

**Question** : Chers messagers, comment devenir de meilleurs médiums ou perfectionner nos facultés télépathiques de façon à obtenir de l'information cruciale dans sa forme authentique, en provenance des royaumes supérieurs ?

Votre question est d'une importance capitale en cette époque puisqu'un nombre maximal d'entre vous doit impérativement ramener en votre conscience cette faculté de communication télépathique, perdue il y a longtemps, non seulement entre vous mais également avec les royaumes supérieurs. Cette faculté s'avère vitale afin que chacun d'entre vous puisse recevoir de l'information directe au besoin. Des événements sont à prévoir, dont les répercussions seront capitales, où le temps sera l'élément clé. De ce fait, le seul mode de répartition de l'information et des instructions sera celui établi par contact direct avec chaque âme, ou personne, individuelle. Il ne sera pas possible de communiquer avec un seul *channel* et de s'attendre à ce que l'information soit diffusée à son entourage ou à ceux qui sont concernés. Peu importe que les messages soient reçus par intuition ou par communication télépathique directe. Chaque personne doit être à l'écoute de sa propre voix intérieure, ou poste de transmission.

Quant à la manière dont cela peut s'accomplir, tout d'abord le souhait doit être présent – un souhait ferme et dédié qui nous autorise à travailler avec chaque personne individuellement. Le « nous » réfère aux guides, aux Maîtres, aux frères de l'espace, aux anges, à la Hiérarchie, etc. En second lieu, il doit y avoir un processus de purification, une discipline mentale. En d'autres termes, la capacité d'attendre en silence que les douces incitations de la communication se manifestent – d'être un récepteur. Chaque personne doit se dédier à la vérité suprême et à la diffusion désintéressée de l'information. L'ego doit être équilibré, ou subjugué, de sorte que les gens prennent conscience que l'information le traverse et ne provient pas de celui-ci. Les individus deviennent le conduit grâce auquel circule l'information, et la qualité et l'authenticité de celle-ci dépendra de leur aptitude à mettre de côté leur ego et leur esprit conscient.

Il doit donc y avoir pureté dans le cœur et dans la motivation, volonté dédiée à accomplir ou à développer cette faculté (ou la développer de nouveau), foi dans vos aptitudes et confiance dans les informations que vous commencez à recevoir.

Nous vous suggérons ce qui suit comme exercice. Asseyez-vous en silence et entourez-vous de la Lumière protectrice. Rendez hommage à la Puissance divine ou Dieu Père/Mère. Demandez à votre Soi supérieur et à votre présence Je Suis que le maître ou messager en affinité avec vos énergies se manifeste afin de travailler avec vous. Dans les domaines de l'invisible, certains possèdent des spécialités, tout comme sur Terre. Vous ne pouvez espérer transmettre des équations mathématiques alors que vous ne comprenez même pas l'algèbre ou encore de la terminologie médicale ou des notations musicales complexes, si vous ne possédez pas déjà ce vocabulaire ou ce talent dans votre mémoire. Ce serait alors trop difficile pour le maître de communiquer cette information à travers vous. D'autres personnes possèdent déjà des connaissances dans ces aspects ou domaines d'activité, et il est préférable de leur laisser ce type d'information. Vous pouvez alors simplement rechercher ou lire ce qu'ils ont déjà canalisé. Ce que chacun doit développer est cette aptitude à transmettre ou à recevoir de l'information qui lui est pertinente à lui et à son entourage immédiat. Chacun n'est pas destiné à devenir un channel ou un récepteur télépathique d'une information destinée à une large diffusion.

La prochaine étape consiste à développer l'aptitude à placer votre conscience dans le chakra de la couronne, puis à quinze ou vingt centimètres au-dessus. Élevez votre esprit, pour ainsi dire, et ressentez la conscience monter à la rencontre des Maîtres.

Délaissez votre conscience corporelle et tendez vers les lieux éthérés. Nous percevrons votre énergie et nous nous mettrons à travailler avec vous. Vous éprouverez un sentiment d'ascension, mais il s'agira en réalité d'un processus d'intériorisation. Au début, cela pourra ressembler à une incitation légère. Si vous persistez, toutefois, la sensation s'intensifiera. Aussi, tentez d'avoir à l'esprit des questions précises. Après un certain temps, il deviendra possible de recevoir de l'information d'une nature plus générale. Même les questions appelant une réponse de type oui/non sont recommandables. Attendez simplement que l'impulsion jaillisse en votre conscience. Nous vous attendons – aussi nombreux que possible – nous pouvons nous occuper de chacun ou parler à tous à la fois. Nous ne sommes pas limités, chers amis.

Soyez également prêts à ce que le processus de purification s'accélère une fois que vous aurez demandé à devenir un channel de l'Esprit, et il est à espérer que vous serez aussi prêts à suivre les conseils qui vous seront offerts. Nous ne nous prêtons pas aux jeux de société ni à une curiosité futile. Mieux vaut ne pas tenter d'entrer en contact avec les mondes supérieurs si telle est là votre motivation, puisque tout ce que vous recevrez du monde astral viendra de farceurs ou d'entités désoeuvrées qui vous induiront en erreur.

Les voiles séparant les dimensions s'atténuent et les énergies sont telles que ce don merveilleux est offert à un nombre croissant d'entre vous. Mais il faudra vous avancer et déclarer : « Oui, je suis prêt. » Au tout début, il serait avantageux de pratiquer ces exercices à des moments spécifiques. Celai aidera à discipliner votre esprit tout en laissant savoir aux Maîtres que votre quête est sérieuse. Nous remuerons ciel et terre pour vous amener à votre perfection, amis très chers. Adoptez dans votre quête un cœur et un esprit de Lumière, et sachez que nous sommes encore plus tangibles que vous ne l'êtes et que nous n'attendons que de vous ouvrir l'univers de toutes les possibilités. Unissez-vous à nous afin de restituer le « monde véritable », chers amis, un monde où règnent joie, amour, beauté et paix, un monde où nous pouvons vous côtoyer librement et dans la joie, où notre existence sera validée.

Nous attendons vos efforts et espérons vos questions. Nous souhaitons davantage de contacts heureux avec chacun d'entre vous. Venez, venez avec nous... entendez la musique et le chant des sphères ; venez avec nous dans la marée de conscience cosmique, là où réside l'Esprit du Dieu universel, là où tout vous sera connu. Nous avons attendu patiemment votre éveil... Le moment est arrivé : VENEZ.

Sachez que l'Archange Michaël et les Maîtres vous aiment et vous chérissent.

# Traverser le processus de purification avec aise et élégance

Il est impératif que vous compreniez qu'un processus de purification est indispensable, que certains pourront trouver pour le moins inconfortable. Cette étape pourra être relativement facile ou, au contraire, vraiment difficile. Tout ne dépend que de vous. Vous saurez que quelque chose ne va pas lorsque des problèmes d'ordre physique feront leur apparition, de même que des difficultés financières ou des ennuis dans vos rapports personnels. Ces écueils représentent les zones à équilibrer, tout comme il vous faut harmoniser votre corps physique avec le corps émotionnel, le corps mental et le Soi spirituel. Des questions résiduelles ou non résolues surgissent de façon qu'une fois pour toutes, vous les ameniez vers une résolution. Votre âme vous aidant à confronter ces questions. Peut-être vous semblera-t-il que vous ne recevez aucun appui, mais tel n'est pas le cas. Toute question non résolue – qu'il y en ait peu ou plusieurs, dépendant du travail intérieur déjà accompli – devrait être mise en lumière et ramenée à l'équilibre pour qu'ainsi vous puissiez poursuivre votre évolution spirituelle.

Souvenez-vous ! On vous a dit qu'il fallait que cinquante et un pour cent de votre karma soit terminé ou résolu avant que vous puissiez être libéré du cycle du karma. À ce moment, vous aurez purifié une part importante de l'illusion, vous serez engagé sur la Voie et vous commencerez à œuvrer comme un Maître. C'est alors que la joie naîtra, que le cheminement se fera sans heurts, extatique et exaltant, lorsque vous vous élèverez dans la sphère de toutes les possibilités. Ce don doit tout de même se mériter, chers amis. Des exigences et certaines conditions devront être comblées. Mais comment saurai-je, demandez-vous ? Vous saurez, lorsque ceux qui s'approcheront de vous refléteront la beauté de votre âme, car ils seront pour vous un miroir. Vous saurez, lorsque vos interrogations trouveront leurs réponses comme par magie, jaillissant simplement dans votre esprit, ou lorsque ces réponses sembleront tomber du ciel, surgissant d'un livre, d'un film ou d'une émission de télévision. Vous saurez, lorsque l'abondance ruissellera, alors que vous acceptez et profitez de sa générosité, et la laissez déborder dans le monde, où elle sera le plus nécessaire. Vous saurez, lorsque votre cœur et votre âme chanteront et que vous ne pourrez restez tranquille : il vous faudra partager votre joie avec quiconque est prêt à vous écouter. Cette joie ne devra pas être dissimulée, mais partagée. C'est là l'une des conditions. Vous saurez, lorsque vous commencerez à vivre dans la conscience constante de votre héritage spirituel, vous sentant entouré des énergies bienveillantes, vivantes, sans les voir. Tout cela vous est promis, chers amis. Le malaise transitoire n'en vaut-il pas le coût ?

Accueillez chaque nouveau défi avec empressement. Qui est cette personne qui tente de me joindre ? Quel reflet me renvoie-t-elle ? Quelle fausse conception provoque-t-elle ? Qu'est-ce que mon corps essaie de me dire ? Écoutez-le. Est-il désaligné ? Lui accordez-vous l'attention dont il a besoin, en lui offrant une nourriture saine, de l'exercice et du mouvement, en l'alimentant d'idées justes ? Les idées et les pensées constituent de la nourriture aussi. Le saviez-vous ?

Le temps est l'élément clé, chers amis, on a besoin de vous MAINTENANT. Mais vous devez tout d'abord faire le ménage chez vous et équilibrer votre corps. Vous avez toute l'aide et toutes les ressources requises, mais il vous faut demander et croire, puis accepter et reconnaître. Ensuite, il vous faut agir. Vous devez partager les expériences et les connaissances acquises ; vous ne pouvez stagner. Transmettez-les et faites place à une connaissance fraîche et éminente. Vous n'apprenez pas simplement pour apprendre. Par égard pour votre âme, impliquez-vous activement dans l'évolution en cours. Ne restez pas derrière.

Jamais dans l'espace de ce jour cosmique – nous référons ici à l'évolution humaine depuis ses débuts – n'y a-t-il eu une telle occasion pour l'éveil spirituel, pour l'évolution et la transformation. Vous êtes attendus par les énergies, la sagesse, l'amour et la Lumière transfiguratrice. À votre disposition, vous avez autant ou aussi peu que vous le souhaitez, mais vous avez la responsabilité de purifier vos véhicules terrestres et de laisser la voie libre, de façon que ces forces dynamiques toutes neuves puissent créer le miracle que vous êtes appelés à devenir. Nous vous quittons sur ces paroles. Vous êtes les aimés du seigneur Michaël et des Maîtres.

# L'émergence de votre conscience de lumière

Nous souhaitons vous expliquer aujourd'hui que la manière dont vous portez attention aux processus fonctionnels entre votre nature spirituelle et votre nature mentale et physique engendre votre réalité et suscite ou empêche votre progrès sur la voie vers la conscience supérieure, ou l'ascension.

Lorsque vous étiez définitivement immergé dans la réalité tridimensionnelle, vous étiez à la merci – ou susceptible de l'être – de tous les courants d'énergie de la pensée collective ou des émotions qui vous environnent sur les plans astraux et qui, comme vous le savez, pénètrent et entrent en interaction avec le plan physique. Comme vous commencez à clarifier vos énergies, délaissant les anciens conditionnements, les demi-vérités et les sophismes, votre conscience atteint un réglage plus subtil. Cela signifie que des vérités nouvelles, plus pures, s'infiltrent graduellement dans votre conscience, puisque votre conscience de Lumière émerge.

Plusieurs parmi vous ne savent pas que nombre de ces vérités sont enfouies dans leur conscience spirituelle, ou mémoire de l'âme, prêtes à surgir. Pour permettre cette émergence, la voie doit d'abord être libre. Une fois votre retard rattrapé, pour ainsi dire, avec votre niveau de conscience latent, et une fois ce progrès intégré à votre conscience mentale, vous serez prêt à aborder le prochain degré d'instruction ou d'affinement spirituel. Votre âme, essence spirituelle ou Soi supérieur, ne perd jamais de vue les réalisations atteintes lors d'expériences antérieures. Cela ne signifie pas cependant que chacun ramène ce niveau de conscience sur le plan physique afin de l'intégrer à son être physique, ou sa manière d'être.

Lorsque vous perfectionnez et équilibrez vos corps physique, émotionnel, mental et spirituel, vient un moment où ces énergies combinées atteignent une masse critique ; une intégration à votre Soi supérieur s'accomplit alors automatiquement. À ce point précis, une interaction et une harmonie absolues s'établissent entre ces deux niveaux de l'être, et la voie est ouverte à l'intégration du niveau de conscience suivant. Ainsi, en tant que partie de votre conscience supérieure, vous devenez alors aptes à recevoir des instructions directes de la part de votre Soi christique. C'est un processus sans fin sur la voie de l'ascension vers le Créateur.

Voilà l'ascension, chers amis. La plupart des âmes franchissent cette voie un niveau à la fois, mais d'autres, en nombre infime, les transcendent en un éclair aveuglant comme le fit le Christ Jésus. Le temps est venu de l'ascension en groupe. Ceux d'entre vous qui forment l'avant-garde, éclairant la voie, pour ainsi dire, ont accepté de seconder leurs frères et leurs soeurs par leur exemple. Vous avez emprunté cette voie à plusieurs reprises en préparation à cet événement particulier. Aujourd'hui, vous êtes au seuil de la culmination et de l'achèvement de cette portion de votre vie. Pas au seuil de votre vie elle-même, mais de cette portion particulière.

Tout doit évoluer, rien ne peut demeurer statique. Il existe une démarcation entre ceux qui avanceront, ou s'élèveront si vous voulez, et ceux qui devront battre en retraite vers d'autres réalités tridimensionnelles en vue de continuer sur la voie de l'épanouissement de la conscience. Ceux qui ne sont pas encore tout à fait prêts à entamer l'étape suivante de leur évolution seront les dirigeants de la prochaine ascension, voyez-vous. Vous avez déjà été dans cette position : le plan divin en est un de justice et de perfection. Ceux-là ne resteront pas oubliés, abandonnés ; le moment de leur graduation n'est tout simplement pas venu.

Puis, il y a ceux qui se démarqueront de la masse. Ce sont ces âmes courageuses, exceptionnelles, qui osent le rêve et la différence, et qui sont douées d'une vision intérieure qu'elles attisent sans jamais y renoncer.

Qu'est-ce que tout cela signifie spécifiquement pour vous et vos proches ? Cela veut dire que les structures de la société, telle que vous la connaissez, seront révolutionnées ; que les allégeances se modifieront de sorte qu'il vous semblera que les anciennes manières d'être et de fonctionner ne seront plus viables. Pour ceux engagés sur une voie spirituelle supérieure, le mariage, tel que vous le connaissez, ne sera plus considéré comme un but majeur. L'attention de chacun ne sera pas centrée sur une personne, mais sur l'ensemble. Vous n'aurez pas le loisir, si vous souhaitez employer ce terme, de consacrer votre temps et votre énergie à une seule personne. Vous aurez à entrer en relation avec plusieurs, puisant énergies et conscience d'une famille plus vaste, d'une unité de conscience spirituelle dont vous aurez besoin pour fonctionner au plus haut niveau requis de vous afin d'accomplir les tâches et les devoirs de l'avenir. Votre force et votre dévouement par rapport à cet objectif sont de toute première importance. On vous a dit qu'il était nécessaire de ramener tous vos liens physiques à une juste perspective. Il ne sera pas exigé que vous renonciez à tous ceux que vous connaissez et aimez ; cependant, vous devrez vous tourner impérativement vers les devoirs pour lesquels vous avez été formés et délégués en vue de leur accomplissement.

Demeurez centrés sur l'âme, chers amis, maintenez une écoute consciente de votre Être supérieur, car les messages et les directives vous parviendront désormais à un rythme accéléré. Le temps de l'attente et de la préparation est révolu. Le temps de l'action débute. Divers niveaux de conscience existent, comme vous pouvez l'imaginer. De ce fait, nos messages ne seront pas entendus ni compris par tous, à l'heure actuelle. Nous transmettrons des messages de vibrations et de niveaux différents, et chacun saura si le message s'adresse à lui, car ce dernier résonnera profondément en lui. De chaque message, retenez ce qui semble pertinent pour vous, mais ne vous sentez pas découragés ni coupables si vous n'êtes pas prêts à revêtir la chape entière de votre spiritualité. Certains sont prêts à avancer, d'autres ne le sont pas, comme dans tout processus d'initiation. Les niveaux de la Fraternité, ou degrés supérieurs d'initiation, ont toujours été empreints d'un certain secret. L'accès à cette connaissance doit se mériter ; elle n'est pas offerte à la légère. Le processus est accéléré de sorte qu'un nombre de gens aussi grand que possible soit touché et instruit. Voilà pourquoi vous et ceux qui vous ressemblent sont si importants. Non seulement vous conduisez et ancrez la Lumière, mais vous transmettez également l'information qu'on vous accorde afin que d'autres accèdent à leur propre conscience spirituelle et puissent entrevoir les résultats grâce à votre exemple vivant.

Acceptez le manteau de votre responsabilité, chers amis. C'est là ce que vous avez étudié, ce pour quoi vous avez prié et médité, ce à quoi vous aspiriez – vos efforts n'ont pas été vains. Vous êtes à l'aube de l'accomplissement de votre destinée. Réjouissez-vous ! Vous êtes sous l'éternelle direction et sous l'égide du seigneur Michaël et des Maîtres.

# L'urgence de vous unir

Nous souhaitons aujourd'hui vous amener vers une nouvelle prise de conscience. Vous devez impérativement devenir l'observateur de vos pensées, de vos actions, de vos rapports, à chaque instant, même dans vos activités nocturnes et vos rêves. Éveillez vos sens, amis très chers, soyez vivants et participez à la création de la plénitude de votre nouvelle identité et de votre environnement neuf. Soyez conscients de l'effet des énergies subtiles, des petits miracles tout autour et en vous. Nous aimerions que vous vous rappeliez disons, l'année dernière ou même le mois passé, lorsque plusieurs d'entre vous empruntaient des voies divergentes, faisant l'expérience de divers événements, merveilleux ou malheureux. Réfléchissez et prenez conscience de l'ampleur du changement qui s'est opéré en vous. De tout ce qui s'est produit depuis et en une si courte période de temps. Certains ne perçoivent peut-être pas ces transformations en eux, mais croyez-nous lorsque nous affirmons que des changements monumentaux ont pris place.

Votre structure temporelle, ou construction des événements, bouge si rapidement qu'il est presque impossible pour vous de la suivre. De ce fait, vous vous sentez peut-être instable ou déphasé. Nous souhaitons vous faire comprendre clairement que votre Terre est à l'heure actuelle plongée dans le maelström de la transformation. La spirale d'évolution est lancée à un rythme très rapide, et principalement pour le bien de tous.

Qu'est-ce que tout cela signifie pour vous ? Et vous demandez tous, consciemment ou inconsciemment : « Que faisons-nous maintenant ? » Nous souhaitons vous informer que les quatrième et cinquième dimensions se cristallisent peu à peu sur votre chère planète, la Terre. Des aires de démarcation apparaissent : ici, de la Lumière, là, encore de l'obscurité, répression ici, là, une conscience nouvelle commençant à se manifester, etc. Les bouleversements sont nécessaires afin d'amener fraîcheur et Lumière là où elles sont davantage requises et afin d'attirer l'attention de ceux qui sont toujours fermement immergés dans la réalité tridimensionnelle.

Chacun d'entre vous est guidé vers le lieu où il doit être pour le moment, et peut-être même vers des régions où s'annonce la dévastation, dans des endroits où le crime, le stress et dépression règnent. Vous êtes tous essentiels à l'équilibre, à l'ancrage ; vous êtes positionnés stratégiquement là où vous aurez la plus précieuse valeur et serez de la plus grande utilité dans le plan directeur. Et soyez assurés, chers amis, VOUS ÊTES EN SÉCURITÉ ! Vous n'êtes pas sans protection... Et ce, à chaque instant ! Tant que vous demeurerez à l'écoute de votre être intérieur, vous serez toujours au courant de ce que vous devez faire, de l'endroit où vous devez être, à moins que vous ne deveniez dupes de cette réalité de pauvreté, d'anéantissement et de cataclysme. Avez-vous besoin de cela dans votre vie ou comme enseignement ? Pas vraiment...

Encore une fois, la composante temps est critique, et nous vous encourageons à former des groupes comportant trois, quatre, neuf ou douze membres, selon votre désir, mais réunissez-vous et faites-le souvent. Offrez-vous mutuellement soutien, encouragement, information. Aidez-vous les uns les autres à prendre conscience du fait que chaque instant de chaque jour est crucial. Surveillez vos pensées et vos actions : chers amis, vous avez un grand pouvoir. Vous avez présenté une requête, celle de l'illumination, et plusieurs ont déjà évolué au-delà même de leurs plus folles attentes. Mais soyez conscients qu'en tant que Maîtres en devenir vous êtes également cocréateurs avec l'Hôte céleste et les Maîtres ascensionnés. Vous êtes guidés en vue d'engendrer l'amour, l'équilibre, la paix et l'harmonie dans votre univers personnel – dans votre corps, votre esprit, votre mental, dans votre demeure, votre famille, votre voisinage, puis dans votre ville, dans votre région et, finalement, sur Terre. Tout se met à vibrer à un taux supérieur, et la seule façon d'absorber et de confronter cette énergie en évitant de terribles résultats est de maintenir une conscience lucide et un effort concerté.

Plusieurs parmi vous ont ressenti le besoin pressant de s'installer ailleurs pour diverses raisons. Cela pourrait s'avérer opportun, particulièrement si l'occasion se présente sans entraves et que tout se met en place facilement. Mais ce déplacement ne devrait pas s'accomplir dans la panique ni être motivé par la peur. Souvenez-vous ! Vous partez avec vous-même – avec ce que vous êtes –, et si une crainte profonde de la destruction et du cataclysme vous hante, vous attirerez à vous cette expérience : vous y serez confronté peu importe où vous fuyez. Vous ne pouvez vous dissimuler à votre âme. Nous savons que certains d'entre vous éprouvent détresse et chagrin parce qu'ils se sentent dissociés de leur famille spirituelle ou que leur groupe se dissémine dans des directions divergentes. Tout cela possède une signification profonde, amis très chers, et à présent que vous avez retrouvé votre famille spirituelle après tant d'éons de séparation, vous n'en serez désormais plus coupés. Peut-être serez-vous éloignés géographiquement pendant un moment, mais vous serez de nouveau réunis. Et souvenez-vous qu'en Esprit, vous ne pouvez être dissociés. Bientôt, vous aurez la faculté consciente de communiquer par télépathie au-delà des distances, ce que vous faites présentement inconsciemment, voyez-vous. Plusieurs dons spirituels seront bientôt vôtres, à la fin de votre processus de purification et lorsque vous atteindrez la sagesse et la clarté d'employer ces facultés judicieusement et avec discernement.

De plus en plus, les événements se bousculeront ; l'agitation, le désespoir, la misère se propageront. Ne soyez pas captifs de l'action ou de la mentalité tridimensionnelle. Éprouvez de la compassion et diffusez votre Lumière de par le monde, mais ne vous impliquez pas dans la tourmente. Un aspect particulier de votre rôle à cet instant précis consiste à concentrer de la Lumière et de l'énergie sur les gouvernements du monde. Faites-en la demande, postulez une requête, visualisez les âmes les plus valeureuses et les plus évoluées prêtes à assumer des fonctions importantes dans les gouvernements. Demandez la guidance, suivez vos convictions et vous ne serez pas déçus.

En tant qu'espèce et en tant que planète, vous abordez une phase critique dans le processus évolutif qui vous ramène à l'unification avec le reste de la création de Dieu. Le fait que vous atteindrez le prochain échelon, ou spirale, ne fait aucun doute, à l'instar du reste de votre système solaire, de votre galaxie et de votre univers. Cela s'accomplira-t-il avec élégance et aisément, n'entraînant que quelques ajustements ou réorganisations mineurs, ou devra-t-il au contraire y avoir cataclysme et destruction ? Voilà l'urgence et la raison pour laquelle chacun d'entre vous a tant d'importance.

Vous méritez des éloges, amis bien-aimés, vous tous qui avez œuvré avec tant d'efforts et de loyauté. Vous avez changé quelque chose, et votre place dans le nouvel ordre des choses est assurée ; reste à savoir si votre Terre chérie franchira l'étape nécessaire en évitant l'adversité depuis si longtemps prédite. Voilà pourquoi nous vous pressons ; non pas pour vous affoler ou vous angoisser, mais pour marquer le caractère immédiat de la situation. N'avez-vous pas conscience de votre puissance et du pouvoir de l'unité, le pouvoir d'un point de mire et d'un objectif sans compromis ? Voilà votre mission à l'heure actuelle, chers amis. Méditez chaque jour et chaque soir, ou mieux encore, devenez une méditation vivante, de sorte que chaque instant tende vers le but le plus élevé pour tous. Puis combinez votre amour et votre puissance, et tissez entre vous des méridiens de Lumière et d'énergie pour qu'ainsi votre force circule de l'un à l'autre et irradie de vous vers les cieux et vers le centre de votre mère la Terre. Visualisez mentalement ce flux d'énergie, voyez-le s'amplifier, se construire, se connecter, se renforcer et s'étendre de tous côtés, échafaudant une structure de Lumière et d'amour qui stabilisera et bercera votre Terre et ses habitants d'une chaleureuse vibration d'énergie christique. Ainsi, votre planète pourra entrer doucement et avec grâce dans la dimension subséquente. Voilà votre rôle, amis si chers.

À mesure que croît votre dévotion et que vous faites davantage usage de vos facultés et de vos énergies, celles-ci seront décuplées, puis encore décuplées. Vous êtes tous sous l'égide des Maîtres ascensionnés et le centre d'attention d'un nombre illimité d'anges. Ne sentez-vous pas la différence dans votre vie et dans la qualité de votre conscience ? Plus jamais vous n'aurez à lutter ou à cheminer seuls. Cette époque est révolue. Le temps de l'unité est venu – de l'unité au sein de la race humaine et de la race de l'Esprit. Vous n'avez plus à être séparés de nous, et nous de vous, et nous nous réjouissons de cette réunification. Nous avons attendu longtemps que le voile se lève, que votre conscience atteigne le point où nous pourrions, encore une fois, être en rapport avec vous. Pour plusieurs, le processus touche à sa fin. Certains sont déjà prêts à effectuer le grand saut dans l'inconnu, dans le monde des géants. Une fois le pas franchi, nombreux sont ceux qui choisiront d'aider leurs frères et sœurs à entrer dans cette conscience, et ensemble vous établirez un nouvel ordre, une autre race d'humains stellaires créant la paix et l'harmonie sur votre Terre chérie. Vous mesurerez en votre conscience l'amplitude de votre être et vous vous souviendrez des talents et des vérités dissimulés dans votre âme. Vous vous rappellerez que vous êtes déjà des maîtres, que vous aviez tout simplement oublié... Le moment est venu de vous souvenir, chers amis. Voilà le temps où vous adoptez votre identité véritable. Demandez et l'on vous dira. Demandez, et ce que vous cherchez apparaîtra dans votre conscience. Ayez foi, et tout vous sera accordé.

En chacun de vous se trouvent toute la puissance et toute la sagesse dont vous aurez jamais besoin, car vous avez établi une communication directe avec les Maîtres. Les conseils pourront vous parvenir sous diverses formes toujours disponibles. Chacun d'entre vous qui reçoit et prend ces messages à cœur est assuré de ceci : VOUS ÊTES EN COMMUNICATION DIRECTE AVEC VOTRE SOI SUPÉRIEUR ET AVEC LES MAÎTRES. Écoutez, ressentez, assimilez, puis transmettez : vous êtes un phare de la Lumière et de l'énergie, et vous êtes crucial à la réussite de votre Terre et à l'évolution de l'humanité.

Le seigneur Michaël et les Maîtres vous gardent dans leur amour et sous leur égide.

# Endossez votre armure spirituelle

Votre conscience, votre perception des événements extérieurs dans ce monde et dans d'autres domaines et dimensions s'étendent quotidiennement. Vous commencez réellement à fonctionner sur un plan multidimensionnel. Cela permet une intégration des formes-pensées et de l'apport des royaumes supérieurs. Lorsque vous avez l'aptitude d'accéder directement à l'information, vous n'avez plus à dépendre de sources extérieures et vous naviguez désormais avec l'Esprit.

Peut-être n'êtes-vous pas toujours pleinement lucide au sortir du sommeil, mais soyez assuré que la période de rêve en est une d'intense activité. On vous enseigne, on vous forme de diverses manières, accélérant et facilitant ainsi la transmutation de votre corps intérieur. Le processus d'initiation a principalement lieu durant le sommeil, alors que le corps spirituel est libre des contraintes du corps physique. Le temps viendra bientôt où vous serez conscient de ces processus, mais, pour l'instant, permettez-nous de vous assurer qu'ils prennent place.

Vous commencez à ressentir les effets du processus de transformation qui procède des couches les plus profondes de votre être en allant vers la surface. Vous avez tout d'abord pris conscience de l'expansion dans la région du cœur/âme, ou au chakra du cœur, de la plénitude et de la joie de l'assentiment total, bienveillant. Le premier pas est la clarté lucide ; l'intégration suit presque immédiatement. Vous avez observé la sensation produite par la concentration sur le centre du cœur et par le fait d'accepter la direction de votre conscience supérieure, ou Soi supérieur. Vous avez également remarqué la différence lorsque vous vous éloigniez de cette unicité pour retomber dans la pensée tridimensionnelle : une sensation d'inconfort, de lourdeur, et le désir de retrouver ce merveilleux sentiment de joie et de légèreté. Voilà ce qui a nuancé le processus d'apprentissage depuis environ un an. Graduellement, cette légèreté s'est infiltrée dans les autres régions du corps jusqu'à cette sensation actuelle d'être rempli de Lumière. Vous vous sentez si débordant de cette sublime substance qu'il vous semble qu'elle presse votre corps et l'augmente. Vous ressentez un vide comme si votre être véritable était restreint par les limites de votre corps physique. Pour vous, il s'agit d'une sensation et d'un concept nouveaux qui ne s'avèrent pas toujours agréables.

Votre miroir ne vous révèle pas de différence marquante quant à votre apparence, et vous ne comprenez pas pourquoi puisque, intérieurement, vous vous sentez complètement transformé. Tout cela ne serait-il qu'un leurre ? Ne soyez pas dupes des apparences extérieures, amis très chers. Plusieurs processus sont en cours à l'instant même dans votre être physique et dans votre être spirituel. Tout d'abord, votre corps spirituel, votre corps éthérique et votre cognition ont franchi un parcours tel que vos corps plus grossiers mettront un certain temps à les rattraper. En second lieu, vous en êtes toujours à vous libérer de l'énergie bloquée, flétrie et désuète, qui est emmagasinée dans vos cellules et vos organes. Vous renoncez également à de vieux conditionnements conservés dans vos mémoires cellulaires depuis des temps anciens. Le fait de s'extirper de la pensée collective tridimensionnelle et de ses modèles énergétiques exige énormément de courage et d'efforts. Vous n'affrontez pas seulement vos propres schémas et conditionnements psychiques, mais ceux de la conscience collective qui emplissent les plans astraux inférieurs et qui environnent la Terre. C'est là une des raisons pour lesquelles il est capital de vous entourer d'une Lumière et d'une énergie protectrices, aimantes. Il ne s'agit pas de dire que vous serez capturé par un monstre infâme ou que vous serez victime d'une énergie immonde et destructrice. Non, vous avez évolué au-delà de ce stade et n'êtes plus soumis à l'influence d'énergies inférieures. Vous êtes cependant susceptibles d'être touchés par les caractéristiques de l'énergie émotionnelle, les processus mentaux et les concepts populaires que véhiculent les masses et qui tourbillonnent en un maelström dans les éthers autour de vous.

Il vous faut donc demeurer lucide et endosser votre armure spirituelle, tout particulièrement en cette époque où les événements se précipitent dans votre monde. Les choses sembleront empirer jusqu'à ce que la transformation de conscience atteigne un nombre suffisant de gens ; alors l'état du monde s'améliorera. Vous, qui êtes protégé par la Lumière et qui vous êtes élevé au-dessus de la négativité tridimensionnelle, sentirez que vous êtes dans l'œil paisible de la tempête, dans le calme serein d'un sanctuaire... Et il en sera ainsi. Il est de toute première importance de maintenir un certain détachement et de préserver l'équilibre de votre émotivité. Cela ne signifie pas que vous deviez cesser de ressentir ou d'exprimer de l'amour, ou encore, renier votre émotivité : c'est là un aspect important de votre être. Toutefois, vos proches vous considéreront peut-être comme quelqu'un de dur ou d'insensible si vous n'exprimez pas de tristesse ou d'inquiétude quant aux situations qui retiennent l'attention générale ou se présentent à vous. Tel n'est pas le cas. Il vous faut adopter l'attitude noble qu'arborent les Maîtres : témoins, dans le calme, la douceur et la bienveillance. De simples observateurs, portant secours lorsque c'est possible, mais permettant sans jugement, en sachant que tout événement a sa raison d'être et son but. Diffusez votre Lumière et votre présence aimante par monts et par vaux, amis bien-aimés. Conseillez ceux qui vous suivent. Vos actions vous feront connaître, et ceux qui ont besoin de votre Lumière et de votre sagesse seront attirés vers vous.

Ne vous préoccupez pas de la purification d'anciens schémas énergétiques ou de résultats karmiques. Si vous êtes sans crainte des transformations indispensables et si vous autorisez votre Soi supérieur à superviser le processus, alors le temps et la Flamme violette de transmutation produiront pour vous des miracles.

Plusieurs d'entre vous ont anxieusement attendu la convocation à entrer en service. Vous avez prié afin que votre mission vous soit révélée. Chers amis, nous vous incitons à débuter là où vous en êtes à l'instant même – commencez à vivre, à respirer et à transmettre à ceux autour de vous le pouvoir et l'amour de la vérité ainsi que l'inspiration qui vous habite. Répandez la croyance en un avenir nouveau, resplendissant, la croyance en la nature intrinsèquement bonne de votre voisin et de votre prochain. La vérité et l'amour engendrent la vérité et l'amour, s'accumulant jusqu'à vous englober. Et lorsque vous avez créé un surplus, vous le propagez au monde autour de vous.

Le désespoir, la haine et la peur aggravent ces énergies et vous enserrent dans leur poigne. Ces émotions négatives trouvent leur source en vous pour ensuite émaner vers l'extérieur. Quel monde construisez-vous pour vous-même et pour ceux qui vous sont chers ?

Votre gain de force spirituelle s'accompagnera d'une ouverture grandissante vers une conscience renouvelée, des dons spirituels autres, de nouveaux rapports humains. Peut-être perdrez-vous de vieilles amitiés ou certaines connaissances, mais vous serez guidé vers de nouveaux groupes et amis dynamiques – ceux avec qui vous partagez une destinée, une affinité d'objectif. Toutes les prières sont exaucées, comme vous le savez, mais au moment le plus opportun, lorsque vous vous en remettez à l'Esprit. Sachez simplement que le moment le plus passionnant de votre vie approche à grands pas, et qu'alors, vous ne souhaiterez pas vous retourner vers le passé ou reprendre vos vieilles habitudes.

Vivez au jour le jour, aimez d'un instant à l'autre. Résidez au centre de l'âme et du cœur. Accordez à ceux qui le requièrent votre attention bienveillante et occupez-vous pour l'instant des affaires ordinaires de tous les jours. Vos requêtes de servir et votre volonté d'aider l'humanité n'ont pas été ignorées ; nous les entendons, de même que celles de tous ceux qui vous ressemblent. Le moment de vous avancer et de brandir la bannière spirituelle approche.

Le temps d'un changement capital arrive à grands pas. Changement qui a été prédit depuis plusieurs éons et dont l'écho nous est parvenu à travers les âges. Comme si votre Terre, votre système solaire, votre galaxie et votre univers retenaient leur souffle, en attente de l'explosion d'une énergie cosmique qui produira un crescendo universel emportant tout et tous dans le prochain royaume supérieur, plus près de cette sphère raréfiée où est Dieu/la Déesse/l'Universalité. Elle nous attire de plus près, et nous éprouvons une révérence profonde devant notre avenir ensemble.

Demandez, et nous entendrons ; invoquez et nous nous joindrons à vos efforts, diffusez tout l'amour qui vous habite, et nous le multiplierons par mille. Votre cause est la nôtre, car par votre évolution, l'univers progresse.

Vous demeurez dans l'amour et sous l'égide du seigneur Michaël et de l'Hôte céleste.

# L'humanité doit maintenant choisir

En quoi consiste la prochaine étape ? Vers où nous diriger ? Nombreux sont ceux qui formulent ces questions et ressentent un mal-aise quant à l'avenir immédiat. Que vous réservent l'avenir immédiat et les années ultérieures, vous qui procédez de la Lumière et qui opérez dans la quatrième dimension, tendant vers les hauteurs spirituelles ? Nous affirmons qu'il y aura un nombre croissant de manifestations physiques et d'expériences concrètes validant les messages et la conscience nouvelle que vous apportent les royaumes supérieurs en vue de leur assimilation à votre réalité. Notre existence sera bientôt confirmée, et vous recevrez peu à peu les fruits de vos efforts diligents, de vos décrets bienveillants et de vos mantras et prières.

Beaucoup des enseignements anciens et des lois antérieures régissant la façon d'être et de devenir ne sont plus valables. Ils sont désuets : vous avez évolué au-delà de leur application. Désormais, de nouvelles lois et de nouveaux messages de sagesse seront mis de l'avant. Ces messages exigeront un effort d'imagination et repousseront les frontières de votre conceptualité et de votre réalité, laissant place à des concepts novateurs, à des formules inédites concernant tous les domaines, dont la santé, les sources alimentaires, le mode de vie, les méthodes d'accomplissement vers un niveau spirituel plus élevé, les applications scientifiques de l'énergie électro-magnétique et les ressources énergétiques de la Terre.

Vous avez étudié les Sept vastes Rayons, le spectre des couleurs appartenant à votre plan physique, les sept centres énergétiques du corps - ou sept chakras - et vous avez tenté d'assimiler ces connaissances à votre quotidien et à votre conscience. Nous vous affirmons, chers amis, qu'il est temps de pousser plus loin ce savoir, vers votre être futur. Plutôt que d'être sous l'influence d'un seul Rayon, ou couleur, et d'un ou plusieurs Rayons secondaires, il est absolument essentiel que vous intégriez l'ensemble des Rayons et de leurs énergies à votre être de façon que vous puissiez travailler avec les Rayons supérieurs, plus subtils, qui vous sont maintenant accessibles. Vous devez aujourd'hui éviter de concentrer vos efforts en un seul domaine. Visez plutôt à équilibrer toutes les facettes de votre nature. À mesure que vous combinez ces énergies et que vous vous mêlez peu à peu à celles-ci, elles activeront les chakras de votre corps jusqu'à ce qu'ils fusionnent en une éblouissante lumière blanche iridescente, tourbillonnant, puis elles animeront les huitième et neuvième chakras et les centres supérieurs, ouvrant ainsi la voie à votre corps de Lumière parfait et en cinq dimensions, et à la cognition de votre conscience christique, la PRÉSENCE JE SUIS.

Nous nous adressons à ceux qui ont travaillé avec diligence à la création d'une nature aimante, tolérante, qui se sont efforcés d'avancer sur la voie de l'équanimité et de communier avec leur âme, le Soi supérieur. Vous constaterez que les dissensions et les situations pénibles se font de plus en plus rares dans votre cercle immédiat d'expérience. Vous êtes de moins en moins affecté par les événements extérieurs et par les gens. Vous portez en votre chakra du cœur une quantité immense d'amour et de compassion, mais vous ne laissez pas ce qui se déroule autour de vous avoir une influence négative sur vous et sur la sphère parfaite de votre réalité affinée. Vous en êtes à échafauder une réalité à cinq dimensions depuis les profondeurs de votre être et irradiant vers l'extérieur. Ce processus vous touche d'abord, ainsi que votre corps, pour ensuite influer sur votre résidence, sur vos proches, puis sur votre quartier, votre ville et ainsi de suite. Lorsque votre réalité atteint celle de vos frères et sœurs de Lumière, elle acquiert davantage de puissance et se développe plus rapidement. Voyez-vous maintenant ce que vos actions bienveillantes et le pouvoir de votre pensée sont en train de créer ?

À l'occasion, une pause dans la transmission des énergies vous permet de mieux assimiler celles-ci au fur et à mesure qu'elles sont dirigées vers votre planète. Utilisez ces moments à perfectionner vos aptitudes, à intégrer votre savoir nouveau et à raffermir vos nouveaux comportements et façons d'être ? En tant que Guerriers de la Lumière, vous acquérez de la puissance et êtes aptes à absorber davantage cette énergie qui vous est transmise et à la diriger vers une action positive, plutôt que de laisser s'en emparer ceux qui procèdent suivant l'avidité et l'autodestruction.

Concentrez votre attention et diffusez des pensées positives et des encouragements bienveillants à votre gouvernement. Faites-lui savoir que vous ne tolérerez plus désormais l'inaptitude et la corruption, ou que des législateurs intéressés soient au pouvoir. Faites-lui savoir que ses membres auront des comptes à vous rendre et que vous n'assisterez pas sans mot dire à la faillite et à l'abandon de votre pays.

La toile cosmique de la conscience spirituelle se resserre. On l'affine et on l'ajuste minutieusement pour qu'ainsi tous ceux qui sont déphasés deviennent insatisfaits, inconfortables, frustrés. Ils devront alors prendre position et n'auront plus le loisir de demeurer dans l'ambivalence. Ils auront toutes les occasions d'adopter la voie de la Lumière et de la vérité, et puisque la loi du libre arbitre prévaut toujours, le choix leur appartient. En conséquence, les années qui viennent verront se creuser une vaste disparité dans la vie des gens. Ceux qui auront choisi la voie de la Lumière et de la vie seront témoins de miracles merveilleux en eux-mêmes et autour d'eux. Ceux qui auront choisi de rester dans cette geôle tridimensionnelle d'obscurité et de négativité verront les murs de cette prison se refermer et les contraindre encore et encore jusqu'à ce qu'ils hurlent leur angoisse. Certains s'ouvriront alors ; on leur enseignera la voie et on les guidera hors des ténèbres, vers la Lumière. Mais une multitude demeureront immergés et coincés dans leurs habitudes et leurs attitudes archaïques à tel point qu'ils ne pourront jamais s'en émanciper. Voilà les pauvres hères qui subiront les cataclysmes et les forces destructrices que leurs propres formes-pensées négatives manifesteront. Envoyez vos bienfaisantes pensées de paix ainsi que le pouvoir magique de la Flamme violette de transmutation, mais ne vous impliquez pas dans l'énergie négative ni dans les schémas de peur de la population générale. Maintenez un détachement et une distance dans vos émotions. Apportez de l'aide là où elle est requise, que ce soit dans le domaine physique, mental ou spirituel, mais demeurez dans la réalité de la quatrième ou cinquième dimension. Nous vous avertissons sérieusement, amis bien-aimés, la maîtrise possède une importance primordiale, car vous ne servirez à rien et n'apporterez rien de bien si vos émotions et votre corps mental s'empêtrent encore une fois dans les restrictions de l'énergie négative.

Gardez constamment l'attitude de l'observateur, centrez-vous sans cesse dans le cœur et dans l'âme, attirant ainsi à vous votre puissance suprême et la sagesse des royaumes invisibles qui vous entourent. Surveillez vos pensées et vos paroles, disciplinez vos habitudes mentales et votre nature émotive : vous cheminerez bientôt parmi les Maîtres. Le moment de votre graduation approche, mes bien-aimés. Votre quotidien semble peut-être inchangé, parfois passionnant, parfois assommant, mais soyez assurés que beaucoup plus de choses se passent et se font que vous ne le pourriez imaginer. Rassemblez-vous pour partager des rapports de tendresse et d'encouragements entre gens du même Esprit, et sachez que là où vous vous réunissez, nous sommes aussi avec vous.

Le seigneur Michaël et les Maîtres vous gardent à jamais dans leur amour et sous leur égide.

# L'abondance personnelle et planétaire

Aujourd'hui, notre message vise à vous aider à être davantage conscient de vos processus mentaux et à vous encourager à renoncer aux concepts archaïques et périmés. Vous devez impérativement vous mettre à penser clairement et à porter attention aux émotions et aux formes-pensées que vous émettez jour et nuit, car lorsque vous commencez à opérer dans les quatrième et cinquième dimensions, celles-ci tendent à se manifester très rapidement. Créez-vous la beauté, la paix, l'harmonie, ou contribuez-vous à la négativité qui sévit dans le monde ?

Discutons spécifiquement de l'abondance. Il existe une préoccupation générale, à l'heure actuelle, quant à l'emploi, à l'argent, ou le manque de celui-ci, quant à l'incertitude de l'avenir, ainsi qu'une frustration impuissante sur la façon de nourrir l'humanité. Que ressentez-vous au sujet de l'abondance ? Pensez-vous que vous méritez l'amour, la santé, la richesse et la prospérité ? Peut-être le pensez-vous et, jour après jour, affirmez-vous que la richesse et la prospérité vous appartiennent. Par contre, vous considérez ceux qui possèdent la fortune avec mépris et méfiance. Vous les jugez négativement du fait qu'ils ne la partagent pas et ne l'emploient pas au bien de la communauté, ou alors vous les trouvez frivoles et indignes d'une telle fortune. Mais sachez que vous aussi avez dilapidé des richesses et le pouvoir pendant nombre de vies ; sachez également que cela fait partie du processus d'apprentissage. Laissez-les recevoir leur enseignement sans agir à titre de juge et de jury, ce qui fermerait la porte à votre propre opulence. Que la fortune n'amène pas en soi le bonheur est un enseignement qui, pour l'assimiler, nécessite du temps et une évolution spirituelle. Observez l'insatisfaction et la détresse de certaines personnes vivant dans l'opulence. Voilà un fait révélateur.

Toute la beauté, l'opulence et la richesse de l'univers vous appartiennent. Vous n'avez qu'à demander, mais ces bienfaits s'accompagnent de règles et de responsabilités, comme pour toute autre faveur. Il vous faut les garder à la main et dans le cœur sans attachement, et savoir qu'ils vous sont prêtés et qu'il est de votre devoir de les laisser passer à travers vous afin d'être partagés par tous ; on vous accordera alors encore plus. Il ne vous appartient pas de les emmagasiner ou de les dissimuler. Il n'est pas davantage opportun de consacrer votre temps et votre énergie à conserver vos trésors ou à vous y accrocher. C'est votre fausse conception des richesses, votre attachement émotif, l'importance déplacée que vous accordez à l'argent et aux biens matériels qui engendrent problèmes et misère morale.

Vous avez lu, et on vous a enseigné, que tout doit être offert au Créateur. Vous devez sciemment renoncer à tout ce que vous chérissez en ce monde, et c'est vrai. Alors seulement, paradoxalement, tout vous sera donné, car vous aurez pris conscience du fait que les richesses sont inaptes à procurer le bonheur. Votre sécurité et votre bien-être ne résident pas dans l'opulence, mais dans votre conscience spirituelle, là où tout vous est possible. C'est ainsi que vous pourrez jouir de votre vie d'abondance et vous déplacer au sein d'une beauté et d'une grâce merveilleuse lorsque vous déploierez le paradis sur Terre, telle qu'elle aurait dû être de tout temps et telle qu'elle le sera bientôt.

Vous devez vous interroger : « Comment est-ce que je considère réellement mon abondance ? » Il vous faut examiner les profondeurs de votre subconscient et résoudre tout conflit résiduel provenant de vies passées et de cette vie présente, de sorte que votre esprit conscient et votre subconscient soient en accord avec votre Soi supérieur et prêts à concilier tout ce qui est bon et parfait. Vous consentirez alors à ce que l'abondance afflue dans votre vie et s'étende au monde entier.

N'ayez crainte de souhaiter l'opulence et d'en faire la

demande, afin de pouvoir montrer aux autres comment l'employer et la partager pour le bien de tous – non pas pour entretenir l'autre dans la dépendance ou pour poser comme bienfaiteur condescendant, mais plutôt pour ouvrir des voies, inspirer les gens et établir une distribution plus équitable de la richesse vers ceux qui travaillent à s'améliorer et qui tendent vers un but supérieur. Quel merveilleux atout que de donner ou de recevoir !

Dans un avenir plutôt rapproché, la richesse de votre pays et du monde sera redistribuée. Elle sera retirée à ceux qui ne l'ont pas acquise honnêtement et qui procèdent d'une perspective ou d'une mentalité avide, excessive, écrasante et suffisante. Les nations et les individus verront leur fortune diminuer, filer entre leurs doigts et cesser d'abonder. Et miraculeusement, elle sera remise à ceux qui ont évolué vers un état et une conscience supérieurs, de sorte qu'ainsi elle puisse être réacheminée pour le bienfait de l'humanité entière entre les mains de gens responsables qui savent que l'humanité ne fait qu'un. Lorsqu'une seule personne ou une seule race est malade ou dans la misère, l'ensemble souffre, tel un corps atteint d'un cancer ou d'une maladie mortelle. L'affection reste circonscrite un certain temps puis se propage rapidement dans le corps entier, l'affaiblissant jusqu'à ce qu'elle le mine complètement et le détruise.

Même les sans-abri de votre pays, spécialement ceux qui vivent dans des régions chaudes et dans un bel environnement, devraient être reconnaissants de ne pas l'être en Afrique, en Asie ou dans quelque contrée miséreuse. Ils peuvent s'estimer heureux. Et si, chaque jour, ils prenaient en main leur abondance et faisaient naître des sentiments de gratitude et d'espérance, ils verraient s'accomplir des miracles. De quoi peuvent-ils être reconnaissants, demanderez-vous ? De la clémence du climat, du soleil, de la compassion des gens qui les encouragent et les aident autant qu'ils le peuvent, de la tolérance et, oui, d'une compréhension à leur égard beaucoup plus grande que dans d'autres pays. De chères âmes se consacrent à les nourrir, à les entourer de soins, et donnent avec amour et désintéressement leur temps et leur énergie. Elles sont effectivement dignes d'éloges et seront bénies pour leurs efforts.

Tout cela nous amène à une autre idée fallacieuse. Plusieurs éprouvent de la culpabilité ou de la confusion à cause du sentiment qu'ils ont de ne contribuer qu'insuffisamment à cette œuvre ou à cette cause. Veuillez nous permettre de clarifier ce point. Chacun d'entre vous vient à cette vie, et à chaque vie, doué d'une mission particulière et d'une destinée à accomplir. Chacun d'entre vous a, pendant des vies entières, servi l'humanité, a été martyr d'une cause et a sacrifié son confort et son bien-être personnel pour autrui. Vous, les précurseurs du Nouvel Âge, les étendards de Lumière, êtes nantis d'une mission différente, d'une envergure plus vaste. Vous n'avez pas été mandés pour vous charger de ceux qui sont matériellement dans le besoin, mais pour répondre à ceux qui sont en quête d'une nourriture de l'âme. Chacun de ces besoins est d'égale importance, car personne ne peut atteindre la perfection spirituelle en l'absence de nourriture et de confort pour entretenir le corps physique. Alors, ne regrettez jamais de n'être pas impliqué directement pour apporter nourriture et soins aux indigents. Vous, de concert avec les royaumes supérieurs, concentrez et canalisez une conscience nouvelle, un degré d'évolution avancé où tous seront un jour amenés à comprendre que l'insuffisance, la privation ou la pénurie n'existent pas dans les états supérieurs. Voilà votre destinée.

La conscience collective comprendra que vous méritez toute l'abondance imaginable, à mesure que le taux vibratoire de la Terre augmente et que le corps humain se met à résonner sur des accords plus subtils. Vous n'aurez pas à surveiller vos biens ou votre territoire ni à fermer vos portes à clé, car cette prospérité sera offerte à tous pour qu'ils s'en repaissent. Oh ! quelle joie vous éprouverez lorsque vous franchirez les frontières de votre conscience et verrez l'humanité entière comme vos frères et soeurs. Les écluses qui cloisonnent l'abondance de toute la Création s'ouvriront, et la prospérité déferlera sur votre planète. La fraternité, la paix et l'abondance, voilà le sens du Nouvel Âge, chers amis. Cela ne se produira pas demain ni l'an prochain, mais le mouvement est enclenché et évolue rapidement. Votre gouvernement, ainsi que d'autres de par le monde, développent en ce moment même plus de compassion et une conscience nouvelle. Ils commencent à puiser dans le centre du cœur et assument peu à peu la responsabilité de leurs actions et du bien des gens. Le pouvoir, le contrôle et les attitudes intéressées ne seront plus tolérés et ne peuvent plus être dissimulés.

Il n'est pas à votre avantage que le gouvernement en fasse plus pour vous, mais ses membres ont la responsabilité de se comporter comme des dirigeants, des guides et des exemples de compassion. Ils doivent offrir à chaque pays, à chaque État, à chaque communauté ou personne l'occasion de devenir autosuffisant, autonome et de prendre conscience de soi. Davantage d'interventions de la part du gouvernement sont inutiles, mais une direction et un modèle sont requis.

Amis bien-aimés, commencez à réajuster vos émotions et vos processus mentaux. Ne laissez pas la tourmente et l'angoisse qu'entretiennent les faits mondiaux nuancer votre perception de la perfection. Demeurez centrés dans votre affirmation de la paix, de l'abondance et de l'harmonie, car tout part de vous pour ensuite irradier vers le monde extérieur. Chaque étape, chaque accomplissement obtenus dans votre évolution spirituelle vers la perfection contribuent à l'ensemble. Le fait de dire : « Que la paix soit et puisse-t-elle émaner de moi » a davantage de profondeur et d'impact que vous ne pourrez jamais l'imaginer.

Lorsque vous traverserez les années capitales qui viennent, examinez attentivement ce que vous avez accompli, le chemin parcouru et ce qui s'est passé. Penchez-vous sérieusement sur ce que vous devez dissiper et résoudre en vous et dans votre entourage immédiat. Ne permettez pas qu'une nouvelle année débute sur une note dissonante, que ce soit dans vos relations humaines, au travail, par rapport à des questions non résolues en vous ou à tout obstacle qui vous empêcherait de réaliser la communion et l'interaction avec votre Soi supérieur et votre conscience christique. De merveilleux dons de lucidité vous attendent, chers amis. En communiquant avec une plus grande partie de votre être, vous prenez conscience des limites qui vous contraignaient. Le temps est venu pour vous d'endosser votre véritable identité. Promettez-vous de poursuivre la plénitude, de vous concentrer désormais sur la réconciliation avec les parcelles de vous-même non intégrées de façon à redevenir cet être de Lumière parfait venu sur Terre il y a plusieurs éons. Faites de cela votre mission.

Vous êtes aimés par le seigneur Michaël et par les Maîtres.

# Ma quête

En ces moments de sérénité, pourquoi chercher ?
Qu'est-ce qui allume votre sourire,
Attise votre regard ?
Quelles ombres se penchent en votre esprit,
Quelles tristesses, en souvenir ?
Pourquoi votre esprit s'éloigne-t-il de moi,
Me laissant seul, suspendu dans le temps ?
De fusionner avec vous inspire mon Essence.
Deux moitiés solitaires formeront un tout.

Par Ronna Herman

# L'appel du clairon résonne : Unissez-vous

Enfants bien-aimés de la Lumière, nous, messagers et serviteurs du Créateur, sonnons l'appel du clairon en vue de mobiliser et de rassembler les puissantes forces et Légions. Vous, qui étiez dispersés à travers les âges et de par l'univers, êtes maintenant assemblés sur cette planète bénie qu'est la Terre afin de seconder la naissance d'une conscience, d'une unité et d'une réalité nouvelles. Vous avez souffert d'être séparés de votre famille spirituelle, de votre conscience supérieure, de votre sens de l'union avec l'Esprit de Dieu. Vous vous êtes laissés entraîner dans la toile restrictive de la dualité : dualité dans vos fonctions cérébrales ; dualité dans l'élaboration d'un Moi que vous avez pris pour votre ennemi, à renier et à affronter afin de le conquérir et de le vaincre ; dualité extérieure des énergies masculine et féminine, sans compréhension du fait qu'elles sont intérieurement actives et opérantes. Votre lutte consiste à équilibrer ces énergies internes, non pas celles qui sont extérieures et qui valident votre représentation actuelle de la réalité.

Vous avez établi richesse et abondance, puis pénurie et privation ; vous avez créé des écoles de vaste érudition, omettant le fait que la sagesse provient de l'intérieur. La connaissance dépourvue de sagesse est creuse et ne réussit qu'à encombrer la pensée de faits et de chiffres, mais ne contribue pas à engendrer l'équilibre et l'harmonie. Vous en êtes venus à considérer votre être physique, votre ego et votre esprit comme les souverains de votre univers et à concevoir l'Esprit ou Dieu comme si c'était au-delà de vous, quelque part hors de portée. Vous avez cru en un système départageant bien et mal, juste et inexact, lumière et obscurité, fort et faible, saint et damné, supérieur et inférieur, vos concepts, vos idées et vous-même par rapport à tout le reste.

Tout cela fut créé en vue d'accentuer et d'établir le sentiment de séparation, d'isolement, par ceux qui ne pouvaient qu'y gagner un pouvoir en divisant pour mieux régner. CES TEMPS SONT RÉVOLUS, CHERS AMIS !

Le temps est venu de vous réunir, de rétablir votre force et votre unité avec la Puissance de Dieu dont vous faites partie intégrante.

Vous devez tout d'abord réconcilier cette myriade de parcelles de vous-même en un véhicule de Lumière harmonieux, aimant, vibrant. Rétablissez la communion et l'harmonie de votre structure cognitive, sachant que c'est là un ensemble parfait et fonctionnel de sagesse et de puissance. Cela réveillera et connectera de nouveau un grand nombre de vos facultés latentes, qui se sont atténuées au cours des âges à cause de leur désœuvrement. Réalignez et réunifiez les énergies masculine et féminine en vous, en concentrant de l'amour et de la Lumière sur votre Moi trop longtemps laissé dans l'ombre. Il vous a bien servi et recèle une connaissance précieuse si vous baissez les armes et unissez vos forces.

Cessez de rechercher à l'extérieur la confirmation de votre valeur personnelle, de votre amour, de votre succès et de la vérité. Intérieurement, vous possédez tout ce qui est nécessaire à la conscience spirituelle, au bonheur, à l'abondance, et bien sûr, à l'ascension. Vous êtes doué intérieurement de votre propre PRÉSENCE JE SUIS, de nature divine, et de votre conscience christique personnelle. Ce n'est pas extérieur à vous, mais bien à l'intérieur.

La sagesse et la connaissance divines qui sont en vous et qui, des millénaires durant, furent divisées, obturées, restreintes et inaccessibles à votre faculté cognitive sont présentement restructurées, rebranchées et renforcées de façon que vous puissiez, une fois encore, prendre conscience de votre nature divine et de votre origine.

Il fut également indispensable que vous soyez distinct de votre flamme jumelle et de votre famille spirituelle pour ainsi apprendre à fonctionner par vous-même, employant votre propre pouvoir, faisant vos propres expériences et assimilant vos propres enseignements. Vous faites partie intégrante de votre ensemble spirituel et du Tout divin, apportant le caractère unique que seul vous possédez. Ainsi, il vous faut vous débattre seul – et n'apercevoir, en apparence, que furtivement votre complément divin et votre famille spirituelle, de temps à autre, principalement en rêve. Quelquefois, cependant, vous avez vacillé, près de la défaite, dans le monde physique, et ces aperçus vous ont donné courage et espoir afin de poursuivre cette longue et difficile lutte.

Nous sommes venus vous dire que cette époque s'achève très bientôt, amis bien-aimés. Vous vivez le rassemblement, un à un, des membres de votre famille spirituelle, de même que la reconnaissance glorieuse et un sentiment d'amour et d'unité incomparable. Vous vivez ce sentiment que, finalement, vous n'avez plus à combattre seuls ; vous goûtez l'abondance d'une sagesse, d'une connaissance et de talents à partager ; vous ressentez la force et le courage de vous aventurer dans des territoires incertains, inexplorés, main dans la main, côte à côte, unis par un objectif bienfaisant, partageant un soutien mutuel, incitant, élevant, atteignant une conscience et une puissance nouvelles par synergie et grâce à la dynamique du nombre.

Plusieurs flammes jumelles se retrouvent miraculeusement afin de compléter ensemble leur dernière vie dans le monde physique sur Terre. S'unissant enfin dans leur plénitude, elles s'apportent mutuellement un complément divin, sans chercher à combler une partie manquante, mais plutôt en rehaussant le tout. Ceux qui choisissent de traverser cette expérience de vie sans partenaire verront tout de même leurs besoins d'amour et de soutien affectif comblés par une foule de gens, hommes ou femmes, d'une manière si merveilleuse, si satisfaisante, qu'ils ne regretteront pas la relation intime que vous considériez jadis comme primordiale.

Amis très chers, nous vous demandons d'entamer le processus d'intégration intérieure, peu importe vos sentiments de désespoir ou d'impuissance. Nous avons constitué une formidable puissance d'anges et d'assistants vous entourant, si bien que vous n'avez qu'à formuler le souhait, et la voie s'ouvrira ; votre voie vous sera clairement indiquée. Il n'y a plus de place pour l'hésitation. Un don incomparable vous est offert, mais il vous faut y consentir et ouvrir votre cœur à le recevoir.

Penchez-vous sur tous les aspects de votre vie qui sont déséquilibrés, là où l'harmonie et l'unité font défaut. Concevez-vous enveloppé de l'éblouissante lumière de conscience divine et demandez qu'on vous révèle les points qui exigent votre attention. Renoncez à vos vieilles carapaces dépassées : la vanité, le doute de soi, la crainte, le sentiment d'isolement et celui d'être indigne. Faites-vous la promesse, ici et maintenant, que vous emploierez votre centre du cœur avec amour et en aspirant à la réunification avec votre être entier, le maître que vous êtes, puis avec la multitude d'êtres magnifiques qui composent votre famille spirituelle. Voilà le pas de géant qu'on vous demande de faire.

Voici l'appel que nous formulons : « UNISSEZ-VOUS, BIEN-AIMÉS. LE TEMPS EST VENU UNE FOIS DE PLUS DE RASSEMBLER VOS FORCES, DE VOUS PRÉPARER POUR LA MARCHE GRANDIOSE À TRAVERS LES CIEUX EN VUE DE RÉTABLIR LE ROYAUME ET LE POUVOIR DE TOUTES LES LÉGIONS DE LA LUMIÈRE, LES FORCES DE DIEU. »

L'établissement du paradis sur Terre ne pourra s'accomplir que par l'unification des forces de chacun des membres de notre famille spirituelle. Vous, et les autres de même nature, constituez un chaînon vital à cette œuvre. C'est là la raison de votre venue jadis. C'est aussi la raison pour laquelle on vous a permis de revenir à ce moment précis. Plusieurs en ont fait la requête ; cependant, seuls ceux qui sont restés fidèles à leur mission y furent autorisés.

Ce qu'on pourrait appeler un « blitz médiatique » est imminent et rejoindra l'échelle mondiale. La conscience nouvelle sera mise à la portée des masses suivant des méthodes que vous n'auriez jamais imaginées. Elle augmente progressivement par le biais de films, d'émissions de télé, d'articles de journaux, de livres et par la voie la plus efficace, le bouche à oreille. Le temps de l'isolement et du secret de votre mission en tant que Guerrier de Lumière est révolu. Les foules s'éveillent et cherchent de plus amples informations, des réponses et des solutions. Soyez prêts, chers amis. Ceux d'entre vous qui ont demandé à connaître leur mission verront leurs doutes balayés.

Nous nous délectons de votre succès, Guerriers fidèles et intrépides. Laissez vos cœurs exulter de joie et d'amour, et sachez que le temps des retrouvailles arrive.

Je Suis le seigneur Michaël

# Création d'une réalité parfaite

Enfants de Lumière bien-aimés, moi, le seigneur Michaël, viens à vous pour poser un défi. Celui de nous mettre à l'épreuve, nous des royaumes de l'Hôte céleste et de ceux de l'Esprit. Je vous exhorte également à mettre votre propre état de maître à l'épreuve.

Vous avez lu, écouté, tenté d'assimiler et de mettre en pratique tout ce que vous avez reçu en provenance de sources variées. On vous a affirmé, sans que vous l'ayez encore intégré, que l'époque actuelle en est une de changements fulgurants : périlleux, bouleversants, déconcertants. Le temps et les situations éprouvent votre foi, votre endurance, votre âme profonde. Nous avons insisté sur le fait que vous n'avez pas à subir seul, sans appui, la transformation et la transition : ces temps d'apparente obscurité et les tourbillons du conflit qui doivent survenir afin de faire place aux fréquences plus légères, plus élevées de la conscience nouvelle. Voici donc mon défi à votre adresse :

Je vous défie de nous mettre à l'épreuve, d'admettre ce concept étonnant selon lequel vous êtes cocréateur du Ciel sur Terre, un Maître, malgré toutes vos prétendus imperfections, mais tout de même un puissant maître de toutes les forces créatrices contenues dans la conscience divine.

Je vous demande d'initier dès maintenant la création de votre réalité parfaite de la cinquième dimension. Mais comment s'y prendre, ou comment prendre conscience du fait que vous la créez déjà à chaque instant ?

Débutez tout d'abord par vous-même. Pendant une semaine, seulement une courte semaine, concentrez-vous totalement sur vous-même. Ceci vous semble-t-il étrange, égoïste ou intéressé ? Très chers amis, comment pouvez-vous créer un monde parfait pour vous et pour autrui avant de n'être vous-mêmes parachevés en vue de faire l'expérience de cet endroit ? Imaginez, jusqu'aux plus infimes détails, l'apparence dont vous rêvez, les sentiments que vous souhaitez éprouver, la façon idéale de bouger, de penser. Donnez-leur une réalité aussi tangible que possible. Goûtez cette vision avec tous vos sens. Ressentez la joie, l'exaltation. Imaginez, grâce à votre vision mentale, le « vous » idéal, et avec votre sens de l'ouïe intérieur, le son de votre voix.

Chaque fois que votre esprit s'écarte de cette vision, ou vacille dans le doute, ramenez-le doucement avec l'affirmation « Je manifeste maintenant mon Soi divin parfait », ou encore, « Je suis la présence Je suis, puissante, parfaite – JE SUIS un christ de Dieu ». Vivez, respirez dans votre essence tout entière cette perfection de l'être que vous transformez. Ayez cette image devant les yeux au réveil et passez chaque instant libre de la journée en concentration avec votre Soi parfait en corps, paroles et Esprit – plutôt qu'en de futiles errances mentales.

Avant de vous endormir, enjoignez votre double éthérique parfait de s'unir à vos Soi physique, mental et émotionnel en vue de manifester cette perfection, de sorte qu'ils poursuivent le travail pendant votre sommeil – et d'autant plus efficacement puisque votre rationalité sera assoupie. Au bout d'une semaine, affirmez votre perfection puis laissez-la reposer en vous. Donnez-lui le loisir d'accumuler une force dans les éthers, de connivence avec des vibrations similaires, pour qu'ainsi elle se concrétise peu à peu sur le plan physique.

Dès lors, vous commencerez la phase subséquente de l'affinement de votre domaine, participant de ce fait à la cocréation des Cieux sur Terre. Concentrez-vous sur votre abondance, vos rapports personnels ou votre créativité ; en somme, sur l'aspect de votre réalité qui présente le plus de déséquilibre. Esquissez le paradis où vous souhaitez résider. Visualisez-le dans toute sa beauté, sa sérénité, sa perfection. Érigez-le pièce par pièce, brique après brique, pierre par pierre. Se trouve-t-il au sommet d'une montagne ? Gît-il sur une rive tranquille bordant un lac placide, ou surplombant la masse sans cesse mouvante de l'océan ?

Résidez-vous au sein d'une communauté, de frères et de soeurs vivifiés, inspirés, où les échanges sont empreints d'amour, d'éveil, où vous évoluez et créez tous ensemble ; ou encore, demeurez-vous dans une sereine solitude, en communion avec le monde des animaux et des esprits ?

Envisagez ce monde, ce paradis sur mesure, dans toute sa perfection. Faites une place à ceux et celles avec qui vous désirez le partager ; ressentez-le, humez ses parfums, écoutez ses bruits, touchez sa solidité jusqu'à ce qu'il devienne réel, ou encore plus tangible que la réalité présente. Lorsque votre esprit se met à errer, ramenez-le en douceur à ce monde nouveau que vous échafaudez. Si un stress survient, réfugiez-vous dans un coin tranquille de votre paradis et constatez la différence – aucun stress ni négativité n'y sont permis. Car, après tout, c'est un paradis, n'est-ce pas ?

Façonnez-le dans ses moindres détails tout en vous y percevant sous votre forme parachevée, marchant, vivant, aimant, présent dans cet éden sur Terre. Comme pour votre Soi parfait, consacrez chaque moment disponible à vous concentrer sur votre création : au réveil, au cours de la journée, le plus souvent possible et tout spécialement, avant de dormir. Encore une fois, après une semaine, affirmez votre création, puis confiez-la à votre Soi supérieur.

Concentrez-vous ensuite sur l'autre point important dans ce monde affiné. S'il s'agit des rapports humains, placez-y chaque personne en ordre d'importance suivant votre opinion et imaginez l'interaction idéale. Comment agiriez-vous envers cette personne, comment réagirait-elle ? Visualisez une harmonie absolue entre ceux et celles qui vous entourent : un partage sans compter, une association de leurs talents et de leurs forces avec les vôtres, tout en acceptant leur caractère unique, en lieu de la rivalité et de la lutte pour la suprématie. Observez le courant d'amour mélodieux, le flot d'esprit créatif entre vous, qui vous rehausse jusqu'à ce que vous soyez une force spirituelle d'amour, d'équilibre et de coexistence paisible. Intégrez votre famille spirituelle à votre paradis et voyez ce dernier s'étendre pour entourer la Terre jusqu'à ce que tout soit parfait.

Il vous sera impossible d'établir ce monde sublime sans l'abondance de l'univers à votre disposition ; il faudra donc vous prévaloir de votre droit aux récompenses et à l'opulence originant dans la conscience divine, sachant que celles-ci sont illimitées et offertes sur demande. Il faut instiller en vous cette certitude absolue que c'est là votre héritage et votre droit sacré que de jouir de toute perfection et de toute abondance. Ainsi, durant la semaine qui vient, vous devrez créer, confirmer, puis conditionner votre être à une telle idée. Si tel était le cas, comment le prendriez-vous ? Que posséderiez-vous ? Ne prenez pas que vos besoins en considération ; tenez compte aussi de vos désirs. Donnez vie à ce monde, pas seulement pour vous-même mais pour tous ceux qui vous entourent. Souvenez-vous qu'il y en a suffisamment pour tous. Amusez-vous avec cette idée et cherchez à déterminer ce qui compte pour vous. Ce que vous souhaitez vraiment voir dans votre monde pourrait vous surprendre. Peut-être jugerez-vous superflus tous ces gadgets, ces chichis qui constituent à l'heure actuelle des marques de pouvoir. Peut-être aspirerez-vous à une vie plus simple et à ne jouir que des commodités ordinaires, libre de tous ces biens qui semblent vous consommer vous et votre temps plutôt que l'inverse. Peut-être constaterez-vous que vos priorités se modifient en faveur de la beauté de la nature, de la pureté des lacs, des rivières et de l'air, et du loisir de goûter les merveilles de votre monde et le contact avec les êtres chers que vous y avez mis.

Peut-être s'avérera-t-il que vous voudrez tout simplement une nourriture frugale, nutritive, saine, apte à rassasier. Des aliments légers qui susciteront et préserveront l'équilibre et l'harmonie de votre être parfait. Votre idée de l'abondance se verra peut-être révolutionnée lorsque vous vous rendrez compte qu'il est inutile désormais d'amasser, de thésauriser, vous entourant de barrières afin de repousser tout intrus susceptible de vous dérober votre richesse. Détendez-vous, car il y en a suffisamment pour tout le monde. Cette découverte devrait jaillir du tréfonds de vous-même, pour ensuite irradier vers l'extérieur et contribuer ainsi à l'édification de votre monde de rêve. Comme dans le cas des autres visions à cristalliser, passez une semaine à échafauder cette réalité, à analyser, à creuser, renonçant aux concepts et aux demi-vérités surannés, délaissant les opinions et les attentes d'autrui que vous aviez faites vôtres. Une semaine durant, composez cette abondance idéale en l'affirmant jour et nuit jusqu'à ce que cette idée soit solidement implantée en vous. En d'autres termes, affirmez la prospérité jusqu'à la ressentir comme vérité absolue.

Imaginez maintenant que vous puissiez tout réussir ou devenir ce que vous souhaitez. À quoi passeriez-vous vos journées ? Que façonneriez-vous ? Dans votre monde, à quoi donneriez-vous vie afin d'illustrer parfaitement ce que vous êtes et vos convictions ? Il ne sera peut-être pas possible de quitter votre emploi de commis demain pour devenir médecin ou professeur, mais vous pouvez vous percevoir comme une force créatrice amenant le changement : par exemple, comme enseignant de cette vérité nouvelle que vous vivez ; comme personne-ressource pour l'Esprit et guérisseur des gens qui vous entourent ; comme quelqu'un qui se prévaut de tous les dons offerts à l'heure actuelle. Laissez votre imagination s'envoler. Affranchissez votre mental pour que clairement jaillisse l'image du futur. Du tréfonds de votre être, que souhaitez-vous être ? Où est votre place dans l'aube de ce Nouvel Âge qui est à votre portée ?

Concepts et identités changeront. La démarcation entre les rôle s'estompera. Dans les temps à venir, nul ne sera plus inférieur, nul ne sera plus supérieur : chacun aura une importance égale, sacrée. Vous pouvez être un serviteur, ou une personne-ressource, et songer que vous êtes aussi valable que le philosophe, le médecin ou le scientifique. Dès lors, désirez-vous être écrivain, artiste, guérisseur, inventeur ou explorateur ? Quel serait votre choix si vous pouviez être ce que vous voulez, si votre rêve le plus fou se réalisait ? Qu'écririez-vous ? Que peindriez-vous ? Comment procéderiez-vous pour guérir ? Comment envisagez-vous tout cela ? Appuyez-vous sur ce rêve, même si, pour l'instant, il paraît étrange et hors norme. Insufflez-lui autant de réalité, de détails que possible. Comment aimeriez-vous passer le reste de cette vie, puis la prochaine et encore celle qui suivra ? Ceci devrait être l'aspiration au plus profond de votre âme, car c'est exactement ce que vous obtiendrez.

Souvenez-vous que vous apprenez à être cocréateur, tel le prolongement de la conscience divine. Aussi, nous vous mettons en garde : à mesure que vous étoffez et donnez vie à cette nouvelle réalité, assurez-vous toujours que votre motivation vise la sagesse la plus profonde et le bien le plus excellent pour tous les êtres. Enfin, terminez toujours votre affirmation par : « Que votre volonté soit faite. » Si vos aspirations sont en harmonie avec votre présence Je Suis, tout va bien. Si tel n'est pas le cas, il faut mettre le désir de Dieu avant le vôtre, car la vision de Dieu est parfaite. N'oubliez pas le dicton suivant : « Faites attention à ce que vous demandez ; vous pourriez l'obtenir ! »

Encore une fois, passez une semaine entière à réfléchir, à focaliser votre attention, à explorer en vous, tout en façonnant cet aspect de votre réalité jusqu'à atteindre une certitude inébranlable quant à l'emploi de votre énergie créatrice et de votre temps. Par rapport à quoi aimeriez-vous être reconnu ? De quels talents souhaitez-vous vous prévaloir ? Vivez, respirez, rêvez chaque instant jusqu'à ce que vous vous sentiez pénétré de cette force créatrice. Au terme d'une semaine, affirmez votre vérité indubitable et confiez-la à votre Soi supérieur.

Une fois ce processus achevé et une fois implanté dans votre conscience tout ce que vous souhaitez concrétiser dans votre réalité, faites une pause et recensez le cours des événements, des changements récents. Votre monde vous semble-t-il différent ? Votre attention s'est-elle détournée de tout ce qui cloche dans le monde pour se diriger vers le domaine où résident d'amples et de merveilleuses possibilités ? Vos attitudes envers les gens et les biens matériels ont-elles changé ? Vous sentez-vous davantage nanti de pouvoir, plus en contrôle de votre destinée ? Il devrait en être ainsi.

Vous vous focalisez sur ce qui est juste et disponible dans l'univers, et sur ce qui peut devenir manifeste pour peu que vous deveniez cocréateur avec Dieu pour le bien, plutôt qu'une prétendue victime des circonstances, impuissant et vain. Ces miracles ne surviendront pas instantanément, mais se produiront certainement, et spécialement si un nombre suffisant d'entre vous acceptent leur prise de pouvoir et adoptent cette conviction qu'il est possible d'établir, de manifester le Ciel sur Terre au cours même de leur existence.

Une fois ce processus achevé, je vous demande de le répéter. En quoi s'est-il modifié par rapport à la première fois ? Y a-t-il quelque chose à y ajouter ou à en éliminer ? Au fil de votre complicité avec l'Esprit et avec votre confiance nouvellement acquise, il se raffinera et se définira. Il évoluera et se transformera aussi sûrement que vous-même. Jouez avec le processus, prenez-y plaisir. Éprouvez l'exaltation que procure le fait de donner réalité à une vision. Sachez que vous pouvez, vous aussi, créer des mondes à l'intérieur de mondes.

Votre acceptation de l'état de maître et de la prise de pouvoir nous permet à nous, des royaumes célestes, de vous infuser des quantités croissantes de force vitale et également de rediriger vers vous l'énergie cosmique servant à la manifestation. Ne voyez-vous pas que ceci reste impossible tant que nous ne saurons pas si vous emploierez cette énergie pour le bien de tous et non à des fins limitées, égoïstes ?

Ainsi, je vous demande, je vous défie de commencer, en collaboration avec moi et les Légions de la Lumière, à transformer votre chère Terre en l'étoile resplendissante qu'elle devrait être : une entité radieuse, pure, vibrante, prête à se joindre à la galaxie et à l'univers duquel elle est partie intégrante en ce périple vers le Soleil central, qui est unité et amour absolus.

Il a été rapporté que les années qui restent dans cette décennie connaîtront d'importants bouleversements ; les anciennes traditions s'effondreront, et les forces de la Lumière et de l'obscurité s'affronteront pour obtenir suprématie. Nous admettons la véracité de ces prédictions. Nous ajoutons toutefois que la Lumière infiltre graduellement les forces obscures. Celles-ci vous rendent service en démontrant ce qui se passe lorsque l'on choisit la limitation. La désuétude doit faire place à la nouveauté, et bien qu'une destruction et qu'un chaos apparent règnent, le phoenix renaîtra de ses cendres. Laissez ceux qui sont toujours dans les ténèbres faire comme bon leur semble. Leur tour viendra en temps voulu. Bénissez-les, aimez-les et sachez que l'étincelle de force divine en eux les empêchera d'échouer. Ils ne sont tout simplement pas prêts à l'éveil : leur temps n'est pas venu. Sachez que vous, les Éclaireurs, semences d'étoiles, illuminez la voie qu'ils doivent suivre, et endossez pleinement le manteau de l'état de maître. Vous avez voyagé loin et vécu beaucoup au nom de la vertu. L'heure est venue de consentir à votre nature véritable : un christ de Dieu.

Moi, le seigneur Michaël, ainsi que l'Hôte céleste, nous joignons à vous, vous soutenons et vous protégeons en raison de votre assentiment à relever le défi qui consiste à devenir cocréateurs de la Terre nouvelle.

# Intégration de votre forme physique : le temple de l'esprit

Salutations, enfants de Lumière bien-aimés ! Qu'il est passionnant, inspirant, d'être témoins de la transformation en cours sur votre planète, la Terre. Des miracles se produisent simultanément aux vagues d'énergie déferlant vers vous et inondant votre être intérieur et votre Terre. Des royaumes célestes, nous percevons cette Lumière qui s'intensifie en vous et autour de vous, nous ressentons l'accélération du taux vibratoire s'élevant vers les éthers, ou plans astraux, tandis que dans le domaine physique, vous avez tendance à n'apercevoir que ténèbres et négativité. Voilà pourquoi nous désirons vous assurer de votre progrès ; vos actions ont des répercussions certaines.

Permettez-nous de vous entretenir de votre forme corporelle, ce réceptacle abritant votre Esprit. Vous avez, d'une époque à l'autre, perpétué à l'égard de votre corps physique un rapport ambivalent, oscillant entre le mépris et l'appréciation. Nombre de ceux qui ont relevé le défi et accepté l'assignation exigeant de venir dans le plan tridimensionnel pour participer à une expérience sur le libre arbitre ne savaient pas que leur Esprit devrait se vêtir d'un corps physique. Vous pensiez demeurer dans un corps lumineux et contribuer à distance à l'expérience. Ainsi, lorsque vous vous êtes retrouvés confinés dans les limites d'une forme physique, vous avez résisté et lutté pour vous délivrer (lorsque vous étiez encore conscients de votre origine).

Vos souvenirs s'estompèrent à mesure que s'accentuaient le voile de l'illusion et les contraintes du monde physique ; vos cellules, toutefois, préservèrent la mémoire de votre identité véritable et l'esprit de liberté de votre nature essentielle. Ainsi s'amorça le conflit entre le corps d'ego/désir d'une part et votre Esprit, de l'autre. Certains ont inconsciemment soumis leur corps, à travers les âges, à de grandes souffrances et privations, en conséquence de ces souvenirs. Vous avez cherché encore et encore à vous délivrer de ce réceptacle physique pour, tout de même, renaître à nouveau et exécuter jusqu'au bout ce ballet de la transformation.

Voici le temps, chers amis, d'accepter votre forme physique pour ce qu'elle est : un magnifique véhicule. Vous êtes détenteurs d'une vérité profonde et d'une précieuse connaissance. Connaissance enfouie dans les cellules de votre être entier. Vous êtes conducteurs de fréquences, un poste émetteur, un trésor de vastes informations à récupérer afin de pouvoir assumer votre véritable identité et de mener à bien votre mission terrestre. Chaque aspect de votre être doit être équilibré et harmonisé, toute énergie mal employée doit être réalignée, toutes les tentacules de l'obscurité qui vous enserraient dans l'ignorance et dans la limitation doivent être scindées. Votre corps doit être purifié en pensée, en action et dans ses habitudes. L'énergie et la négativité bloquées, lorsqu'elles se libèrent, vont se loger en d'autres points du corps, à même la circulation sanguine, dans les organes, les glandes ou les os. Il faut relâcher ces toxines et regagner la santé et la vitalité qui vous appartiennent de droit.

Plusieurs méthodes peuvent accomplir ceci. Beaucoup d'ouvrages sont consacrés aux symptômes des « artisans de la Lumière en mutation ». Nous vous incitons à suivre les instigations de votre Esprit, qu'il s'agisse d'une modification de votre régime alimentaire, de jeûne, de thérapie corporelle, d'acupuncture, de massage ou de toute autre forme d'alignement du corps, d'exercices respiratoires, de mouvements, ainsi que de *toning*, d'aromathérapie ou de guérison par les cristaux. Toutes ces approches sont susceptibles d'accélérer le processus de purification et d'alignement de vos corps physique, émotionnel et spirituel, augmentant ainsi votre capacité à assimiler une énergie plus intense et raffinée. Plusieurs d'entre vous semblent ignorer le fait que l'énergie lumineuse fonctionne à peu près comme l'énergie de source alimentaire : si votre forme physique ne peut traiter l'énergie et la dépenser, alors elle la bloque d'une manière ou d'une autre. C'est ce qui explique que plusieurs (qui entretiennent un rapport ambivalent aversion/affection avec leur corps) aient pris du poids au cours de ce processus, particulièrement dans la région du plexus solaire. Et ce, malgré le fait que vous mangiez moins. La lumière est de l'énergie et doit être dépensée. Votre mutation est très rapide, amis très chers. Vous apprenez et évoluez en expérimentant.

Ceux et celles qui sont à l'aise avec leur forme physique et qui se sont faits copains avec ce réceptacle exceptionnel ont traversé le processus de transformation plus facilement, car ils ne se dressent pas contre leur corps en tentant d'acquérir une suprématie sur lui comme s'il s'agissait d'une chose à conquérir.

Chaque parcelle de votre être fait partie intégrante du tout. Il faut dès lors l'accepter pour sa contribution à celui-ci et pour sa beauté. Tout doit être amené à l'harmonie et à l'équilibre. Aussi longtemps que vous aurez à opérer sur le plan physique, vous aurez besoin de votre corps physique.

En pénétrant votre corps, l'énergie lumineuse active des cristaux encodés de Lumière insérés il y a de cela plusieurs éons, à votre arrivée dans le système solaire. Ils sont restés dormants, mais ils sont aujourd'hui réactivés. De nouveaux chakras, ou vortex énergétiques, sont animés, si bien que vous en posséderez douze majeurs ; et on ajoute aussi le double hélix d'ADN jusqu'à ce que vous soyez pourvus de douze chaînes de l'ADN (ceci se produit actuellement dans le corps éthérique). C'est ce qui, associé à l'infusion de Lumière, déclenchera la transformation de votre forme physique, façonnant votre corps ascensionnel, vibrant, jeune, éternel.

De jour en jour s'accroissent votre puissance et votre vitalité, chers amis merveilleux, malgré votre combat avec ces difficultés. Ne ratez aucune occasion de dégager ces énergies bloquées. Souvenez-vous que ce qui se transforme intérieurement doit également se manifester extérieurement dans la réalité physique. Voilà pourquoi tant parmi vous font l'expérience de situations conflictuelles au quotidien. Nous vous supplions de ne pas tenter de dissimuler ou d'éviter ces défis. Ils se dévoilent afin que tout désaccord, tout déséquilibre interne, soit définitivement résolu. C'est la raison pour laquelle il est crucial de recourir à l'appui de vos guides et maîtres, et à tous les êtres angéliques désireux de secourir et de servir. Il est vital de se concentrer sur l'intention la plus noble. Il est décisif de penser au sommet à atteindre et d'ignorer les ennuis tout au long du chemin.

On vous a incité à construire votre avenir, un avenir radieux, jour après jour, d'un instant à l'autre. C'est là ce qui prime, avec l'intensification des vagues d'énergie et de la tourmente. Il vous faut demeurer centré dans cette enveloppe luminescente de protection bienveillante qui émane de la conscience cosmique pure afin d'être à l'abri du tourbillon des négativités et de l'énergie dissonante.

Simplifiez votre vie, chers amis. Concentrez-vous sur ce qui est permanent, durable. Soyez assimilateurs de vérité, d'amour, de savoir, plutôt que collectionneurs de biens matériels et en quête de plaisirs physiques éphémères. Équilibrez, pacifiez, harmonisez votre univers, et toutes les bonnes choses viendront à vous. Peut-être, toutefois, découvrirez-vous que vos priorités, vos habitudes et vos goûts sont différents.

Vos tentatives de guérir votre Terre-mère sont insuffisantes et trop tardives. Davantage doit être entrepris, et au plus vite. Nous vous implorons : PRENEZ GARDE ! Le temps est venu de reprendre l'intendance en tant que gardiens de la Terre, en tant que protecteurs des espèces qui y ont été placées sous vos soins. Le temps est venu d'assumer pleinement votre identité véritable, comme Maîtres de la Lumière, gardiens de la paix et messagers de la vérité et de l'amour. Ne ratez pas cette occasion, amis bien-aimés, n'interrompez pas votre mission pour avoir à traverser encore une fois des ères obscures, tout comme il vous échut de le faire après le déclin des Âges d'or du passé. Les cloches des Âges tintent, la transformation de votre espèce n'attend personne. Ou vous acceptez l'offrande et vous évoluez, ou vous régressez vers les cycles d'obscurité, de conflits, d'ignorance, de limitations. La décision vous appartient.

Avancez, chers amis, tournez-vous vers l'intérieur et vers les cimes. Nous tendons vers vous une main de Lumière symbolique, don du Créateur et de la Vie. Nous espérons votre retour. Vous êtes précieux, et nous regrettons votre absence. Moi, le seigneur Michaël et l'Hôte céleste vous gardons dans notre amour et sous notre égide. Sachez que vous n'êtes jamais seuls.

# Le glaive divin

Bien-aimés enfants de Lumière, je souhaite partager avec vous les événements survenus lors du merveilleux rassemblement – célébrations et retrouvailles des artisans de la Lumière – que l'on a appelé « Conclave de Michaël », tenu à Banff, en Alberta au Canada, du 24 au 27 mars 1994.

Plusieurs savent déjà que ce lieu abrite ma retraite éthérique, là où moi-même, d'autres êtres angéliques, les maîtres, les devas et les esprits élémentaux vous apparaissions, aux jours dorés de l'ère de perfection sur Terre. Nous nous promenions, nous conversions, agissions avec vous. Nous ne paraissions pas aussi solides ou définis que vous le semblez aujourd'hui, mais vous-mêmes étiez immatériels et flous avant votre descente dans les dimensions physiques.

Avec impatience, vous espérez voir les êtres des domaines supérieurs, ou mondes invisibles et communier avec eux. Cependant, vous avez oublié que par le passé nous étions aussi parmi vous et qu'à cette époque nous étions aussi tangibles pour vous que le sont vos amis actuels du plan matériel de la troisième dimension. Certains en prennent conscience, et avec le temps, ceci deviendra plus évident.

Nous avons tenu nombre de tels conclaves au cours des âges, toujours au moment de grandes transitions et de bouleversements significatifs dans l'histoire de votre monde. Cette assemblée ne fait pas exception. Ce qui s'est déroulé peut être considéré avec justesse comme une introduction à la cinquième dimension, car beaucoup de ceux qui étaient présents atteignirent des niveaux de conscience, d'unité d'intention et de sentiment jamais encore égalés en cette ère d'existence humaine.

Si seulement je pouvais vous faire voir les magnifiques

formes-pensées issues des environs du conclave, les puissants sentiments d'amour, les couleurs exquises et la force de l'énergie émise par le *toning* et la méditation, les échanges mentaux intenses voués à la paix et à l'harmonie, et le dévouement infaillible à cette cause suprême, vous ne mettriez jamais, jamais en doute tout le pouvoir que vous avez à portée de la main. Votre monde, ainsi que tous les êtres à proximité, bénéficièrent, de façon inusitée, de l'action en synergie de ce regroupement des plus saints et bénis.

Cette assemblée comptait plusieurs maîtres de l'avenir, ceux qui ont consacré leur personne et tout ce qui leur tient à cœur à la cause de la transformation et de l'ascension – l'établissement d'un Âge d'or renouvelé. Chaque domaine d'activité humaine et chaque point de litige et de dissension furent examinés et discutés ; on en tira des conclusions valides, et des façons de procéder viables ont été mises de l'avant. Aucun conflit, aucune concurrence en vue de s'arroger une position supérieure ne vinrent troubler cette réunion : chacun demeura intègre, partagea sa sagesse et s'enquit de la connaissance et de l'expérience des autres afin d'augmenter leur efficacité et de s'améliorer. C'étaient les retrouvailles d'une unité familiale spirituelle, les épousailles d'une myriade de facettes de la conscience, la contribution de dons à partager avec l'ensemble.

L'amour, la lucidité et le sentiment d'unicité éprouvés lors de cette assemblée n'étaient que précurseurs de ce qui vous attend après avoir entamé la réunification avec le tout, processus qui culminera en une conscience et en une union avec le reste des voyageurs d'autres dimensions et avec les parrains de votre univers, votre Père/Mère/Dieu résidant dans le Soleil central. C'est là votre destinée, votre but ultime.

Je vous fais savoir ce que j'ai transmis par l'entremise de ce channel lors de cette conférence. Tout d'abord, vous êtes ici, en ce moment précis, car vous avez un rôle intégral à jouer dans le processus. Votre lueur divine sera très bientôt appelée à devenir un phare au sein de cette éblouissante clarté rayonnant de votre Terre, vouée à transformer celle-ci en une adamantine étoile de perfection. Il vous faut accepter votre vocation ; vous préparer et vous purifier en vue de cette infusion intensifiée d'énergie cosmique, d'Amour/Lumière et en tant que pierres angulaires de cet univers.

Cette énergie ne sera plus diffusée de façon à englober la Terre ainsi que l'humanité entière sans discernement. Les effets dévastateurs découlant de l'emploi à des fins négatives de cette énergie sacrée sont déjà évidents. Ceux qui haïssent voient leur haine décupler ; les compulsifs se ruent vers le pouvoir et la domination ; ceux qui ont un tempérament avide ont soif de plus de richesses et de biens encore, peu importe ce qu'il en coûte ou la souffrance et l'angoisse infligées à autrui ; l'anéantissement futile de vos frères et sœurs détruit, en vérité, une partie de vous-mêmes.

Cette énergie Amour/Lumière sera retirée et convergera, tel un rayon laser, vers ceux qui ont purifié et équilibré leurs corps physique, mental, émotionnel de façon à servir de conducteurs, ou de catalyseurs bienveillants et efficients pour cette énergie. Vous l'attirerez à vous, lui insufflerez vie, puis la projetterez avec un amour et une compassion absolus pour le plus grand bien de l'humanité. Vous renoncerez à vos projets personnels au profit du magnifique plan d'évolution et de réunification avec la hiérarchie galactique et pour la réintégration de votre position attitrée dans l'ordre cosmique. Cette énergie convergera sur ces régions appelées à devenir de resplendissantes cités de Lumière, laissant à leurs conflits les contrées assombries par la haine et la peur pour qu'elles s'étiolent et périssent enfin, du fait de l'absence de force vitale accordée par le Créateur.

Un avertissement accompagne ce don d'énergie augmentée et concertée : vous devez mettre à profit cette énergie. Il faut aller de l'avant et amorcer le processus qui vous mènera à devenir un étendard de puissance à bon escient, en accord avec le plan divin. Sinon, le don cosmique de création vous sera retiré et sera attribué à quelqu'un d'autre, qui emploiera cette énergie céleste aux fins appropriées. Même s'ils n'ont pas autant de préparation ou de talents que vous, ceux qui useront des dons accordés s'en verront attribuer davantage jusqu'à ce qu'ils soient nantis d'un pouvoir incroyable. Le temps de la contemplation et des théories est révolu, car le temps, comme vous le savez, fuit et s'écourte. Le moment est venu de réclamer votre héritage, d'adopter fermement ce rôle et d'endosser cette tâche que vous seuls pouvez mener à bien. Cette tâche que vous avez acceptée avant de venir dans le monde physique.

Il a également été fait mention que cette époque en est une de miracles. Au début, de petits miracles, anodins, mais à mesure que vous en admettrez l'existence, des manifestations plus importantes, des événements plus miraculeux surviendront. Tendez alors vos mains, ouvrez vos cœurs et laissez-les s'emplir de l'opulence de l'univers : des rapports empreints de tendresse, de paix, de joie, d'harmonie, et une abondance matérielle qui vous permettra de montrer au monde le mode de vie d'un maître dans cette dimension raréfiée au-delà de la troisième densité.

Chers amis, faites tout en votre pouvoir afin de vous réunir pour la méditation, la prière et l'action déterminée. Partagez vos rêves, vos aspirations et apportez-vous un soutien mutuel dans vos activités respectives. C'est le moment de vous unir, de coopérer et d'assembler vos forces afin de révéler au monde ce que permet une concertation des idéaux nobles : un projet divin lancé par de puissants maîtres pour le bien de l'humanité entière et non seulement à l'adresse d'une poignée d'élus.

Vous savez que je porte le glaive de la Volonté, de la Vérité et de la Bravoure divines. Mais saviez-vous que ce glaive fut placé symboliquement dans votre main droite lorsque vous étiez encore dans les royaumes éthériques, guerriers désignés de mes Légions de Lumière ? Vous n'avez cependant pas toujours employé ce glaive aux fins prévues. À travers les âges, il est devenu l'arme du pouvoir masculin et le symbole de la domination, de la conquête, de la guerre. Je ne vous retire pas ce glaive, car vous avez grand besoin de volonté, de vérité, de bravoure divines, mais j'en modérerai l'usage et vous attribuerai une nouvelle arme. Après lecture de ces paroles, mes guerriers bénis, tournez-vous vers l'intérieur pour vérifier l'authenticité de mes dires, ressentir l'énergie circuler en vous, et ainsi savoir que ce don vous a été accordé.

Centrez votre conscience au chakra coronal, ressentez que les pétales de cette vaste source d'énergie s'ouvrent tout grands. Représentez-vous un cordon argenté qui s'épaissit et se renforce de jour en jour, et se tend vers votre Soi supérieur, ou divin. Imaginez maintenant un glaive de lumière bleutée scintillante d'où émane un centre d'énergie cristalline blanche et dorée qui descend et perce le chakra au sommet de votre tête, évoluant le long de la colonne vertébrale et animant sur son parcours chaque centre d'énergie, ou chakra. Sentez cette lumière percer le chakra racine pour pénétrer ensuite à un mètre de profondeur dans la Terre-mère.

Profitez de l'éclat d'énergie électrifiante qui jaillit, vous entoure et forme votre armure spirituelle, et qu'aucune énergie inférieure ne peut franchir. Visualisez le manche de ce glaive niché à votre cœur ; percevez la Triple Flamme du cœur se consumant au centre, cette insigne spirituelle gravée sur votre bouclier valeureux. Étendez les bras et voyez en votre main gauche un joyau flamboyant de bleu symbolisant la volonté divine. Au chakra du cœur, visualisez un chatoyant soleil d'énergie dorée qui se met à rayonner avec l'éveil de votre sagesse divine. Dans votre main droite arborant le glaive, un joyau d'un rose iridescent représentant l'amour divin. Nous invertissons les polarités masculine et féminine dans votre corps pour qu'ainsi vous fusionniez ces énergies et deveniez davantage androgyne, équilibré, unifié.

Ce n'est pas la croix de la crucifixion, chers bien-aimés, mais le glaive de la résurrection et de l'ascension. C'est un glaive féminin que je pose en chacun de vous afin de tempérer, grâce à la douceur de l'amour et de la sagesse, ce glaive masculin de puissance. C'est là le glaive que vous brandirez lorsque vous entreprendrez la mission que vous avez choisie.

À maintes reprises, j'ai répété que cette époque en est une de réunification, de rassemblement. Mais il vous faut tout d'abord réapprivoiser et réunifier les myriades d'aspects de votre être, de sorte que votre contribution à cette conscience collective en transformation sera la plénitude. Ce processus est graduel, et c'est pourquoi on exige que vous vous occupiez d'abord de votre propre santé spirituelle. Une fois ceci accompli, vous constaterez qu'il est possible de cesser de vous préoccuper de votre croissance ou de votre illumination personnelle, car vous aurez rétabli le contact avec cet aspect puissant et parfait de votre être. Seulement alors serez-vous prêts à servir une cause plus vaste. Vous ne serez plus en devenir mais en « être ». Vous « serez » votre spiritualité, votre vérité, votre intégrité – un être émanant la perfection de la conscience christique. Voilà votre objectif, et vous en êtes plus près que vous ne le croyez, amis très chers. On insuffla à ceux qui assistèrent à ce conclave une infusion sanctifiée de la force d'amour divin, infusion qui se répercutera de par le monde. Chacun de vous sentira qu'il est syntonisé ou plus étroitement dirigé vers le but visé : une participation individuelle dans le plan d'envergure. Ainsi, amis très chers, nous vous enjoignons de demeurer à l'écoute du poste divin, en votre cœur et âme, car vous ne voudrez pas rater le message lorsqu'il viendra.

J'ai posé le glaive de mon amour et de ma compassion en votre être, et j'ai également affermi le lien entre vous et votre conscience christique, amis bien-aimés. Dispersez-vous avec la certitude qu'une main divine vous guide et que vous goûterez bientôt les fruits de votre labeur. Moi, le seigneur Michaël vous offre ces vérités.

Il fut déclaré au conclave :

« ALLEZ AU-DELÀ DES PAROLES, VIVEZ VOTRE VISION. »

# Enfanter le rêve

Enfants de Lumière bien-aimés, permettez-nous de vous offrir un coup d'oeil sur ce que vous réserve l'avenir, un tableau de ce dont vous pourrez vous réjouir une fois équilibrées les dissonances de votre vie, et une fois achevé le processus de purification.

Nous comprenons bien votre lassitude, qui va parfois jusqu'au découragement, et vos frustrations fréquentes. Mais nous aimerions que vous sachiez qu'il existe une raison, une raison suprême qui sera bénéfique à l'humanité entière. Aucun sacrifice, peu importe son envergure, ne passe inaperçu. Tout est dûment pris en note et enregistré, de sorte que les bienfaits découlant de votre dévotion et de votre constance vous seront mille fois rendus.

Nous avons garanti que les miracles de leur foi seront bientôt perceptibles dans le domaine de la matérialité à ceux et celles qui ont œuvré avec tant de diligence et ont effectivement traversé une nuit noire de l'âme afin d'harmoniser tous les aspects de leur être. La route de votre destinée se précisera et la voie s'ouvrira devant vous, car tous les obstacles seront anéantis. Votre santé et vos rapports personnels s'amélioreront, et les désaccords qui persistent dans votre entourage s'atténueront peu à peu avec la disparition graduelle de la résistance.

Rêves et visions deviendront limpides et focalisés afin que vous puissiez leur donner une forme solide, physique et ainsi, les manifester dans votre réalité. Démontrant ainsi à ceux et celles qui doutent encore que ce que vous affirmiez tout ce temps était effectivement juste.

Soyez prêts, amis très chers, à simplifier votre vie. Délaissez ce qui ne vous est plus utile, éliminez le superflu, les biens qui, en réalité, vous possèdent bien plus que vous ne les possédez, qui consomment votre temps, votre énergie, votre attention. Faites place à un nouveau mode de vie, celui d'une communauté étroitement liée où des gens en affinité d'esprit, de cœur et d'intention se soutiendront mutuellement, s'occuperont l'un de l'autre, et renforceront chaque partie du tout, peu importe la mesure de sa valeur.

L'énergie qui, jusqu'à maintenant, inondait votre Terre au hasard convergera désormais vers certaines régions. Chacun d'entre vous, qui êtes à l'écoute et mûrs, sera définitivement attiré vers une région en particulier. Là où résonnera le chant de son âme et l'écho de la perfection qui l'habite depuis des temps sans commencement.

Au cours des années qui viennent, ces régions où l'énergie s'intensifie verront survenir des miracles. Productivité, efficience des constructions, des services, des résidences et des écoles : tout ce qui est nécessaire à l'autosuffisance apparaîtra sans difficulté. La beauté, l'équilibre et l'harmonie prévaudront, et ceci signifie que rien ne sera mis de côté ou sacrifié. Ce plan tiendra compte de la Terre-mère et de la nature, et tous les besoins des gens seront considérés – il n'y aura aucun conflit, mais régneront la tendresse et l'harmonie.

Ceux et celles qui ne vibrent pas à cette fréquence supérieure ne se sentiront pas à l'aise en ces lieux. Vous n'aurez donc pas à vous soucier de l'intrusion de gens qui ne sont pas en affinité avec l'endroit. Ils n'éprouveront pas le désir d'y demeurer, car ils ressentiront un malaise évident, bien qu'ils en ignoreront l'origine.

Les régions tourmentées le demeureront jusqu'à ce que les êtres impliqués s'engagent sur la voie de l'éveil et maîtrisent enfin leur destinée, après un cataclysme ou grâce au concours qu'apporteront à leur purification l'énergie et la puissance des Guerriers de la Lumière. Votre puissance s'accroît de jour en jour, chers amis, et la dynamique de votre intention affecte le monde entier.

Les miracles que vous commencez à produire, en tant que leaders, dissiperont les doutes et démontreront que quelque chose se passe réellement, qu'il ne s'agit pas simplement de charlatanisme farfelu. Les sceptiques reconnaîtront peu à peu le fait que vous provoquez les choses. Vous êtes sereins, en paix, et les turbulences de la conscience collective ne semblent vous toucher en rien.

Et vous verrez alors comme ils viennent à vous et vous interrogent : Comment vous y êtes-vous pris pour accomplir ces choses si aisément ? Que faites-vous de si différent ? Que savez-vous que nous ignorons ? Et vous leur répondez alors de se tourner vers l'intérieur et leur révélerez la façon de s'abreuver à la puissance de l'univers.

Ne voyez-vous pas l'éclatement des barrières, non seulement physiquement, mais aussi par rapport aux systèmes de valeurs ? La question des soins de santé, des traitements et de l'importance de l'entretien préventif du corps a pris une ampleur tout à fait inattendue. Les médecins dont l'approche est allopathique se voient contraints de reconsidérer les méthodes archaïques auxquelles ils adhèrent depuis des siècles. L'équilibre et l'harmonie du corps, du mental et de l'esprit deviennent la norme générale et pas seulement le credo des gourous du Nouvel Âge.

Peu importe la résistance qu'opposent ceux qui ont une mentalité tridimensionnelle, les frontières de race, de croyance et de culture s'estompent peu à peu. Le temps de l'isolement et du narcissisme tire à sa fin. La devise « tous pour un et un pour tous » s'immisce tranquillement dans la psyché commune.

Les transitions et les bouleversements engendrent à coup sûr l'incertitude et l'angoisse. Nous affirmons toutefois, chers amis, que tous les changements que vous permettez, motivés par le bien suprême de tous les êtres, engendreront ultimement la réalisation des rêves et des souhaits depuis si longtemps présents en vous, et que cette réalisation prendra la forme de l'éden miraculeux où affluent paix, joie et prospérité.

Que vos proches attestent de la profondeur de votre foi, de la valeur de votre détermination et de votre dévouement inébranlable face à votre objectif. L'heure est venue de proclamer, amis très chers, votre intention, sans prêcher. Qu'elle soit une affirmation bienveillante et décisive de vos sentiments vrais : votre identité, votre cause et votre vision de l'avenir de la Terre et de ses habitants, par opposition aux prédictions apocalyptiques et aux déclarations contre tout ce qu'émettent ceux qui croient connaître la vérité et qui se drapent, eux avec leur entourage, dans un brouillard de souffrance, d'angoisse et de négativité.

Nous vous demandons donc d'avancer chaque jour, décidé à vivre chaque instant en toute sérénité et dans la certitude de la perfection à venir, puisant la force et revêtu de votre suprême présence Je Suis. Affirmez : « Qu'en ce jour, je sois confiant en la voix intérieure de ma conscience christique et que je sache que chaque pas et chaque tâche me rapproche du rêve qui me tient tant à cœur. »

Vous tous, mes très chers et précieux Guerriers, par votre énergie aimante, et votre concours, soutiendrez et élèverez la Terre et ses habitants vers le niveau ultérieur d'évolution, vers une conscience nouvelle. Nous n'échouerons point, chers amis, pas cette fois : vous avez l'assurance de tous les êtres bien-aimés dans les cieux. Nous vous entourons d'un champ aurique d'amour et de protection. Je Suis le seigneur Michaël.

## Le pendule de vie

*Le pendule de vie n'est remonté qu'une fois.*
*Et nul homme ne peut dire*
*Le moment où il cessera.*
*Que l'heure soit tardive,*
*Ou que ce soit au printemps,*
*Seul le présent vous appartient.*
*Aimez, vivez, œuvrez avec détermination*
*Sans attendre demain*
*Car peut-être alors, le pendule se sera tu.*

*Par Ronna Herman*

# Rompre les liens karmiques et renoncer aux concepts désuets

Enfants de Lumière bien-aimés, moi, le seigneur Michaël, je m'adresse à chacun d'entre vous comme si nous étions en communication directe, car effectivement nous le sommes. Vous, qui vibrez à l'écoute de mon nom, de mes paroles, en présence de mon image, êtes appelés à revendiquer votre identité – votre affiliation à mes Légions et à moi-même – votre héritage.

Vous devez tout d'abord accepter la responsabilité du monde que vous avez créé, puis tenter sincèrement de rectifier toutes les imperfections qui vous entourent. Le moment est venu de vous défaire des concepts désuets, surannés, fallacieux, des demi-vérités et des faussetés auxquels vous avez laissé libre cours depuis des millénaires. Il est temps de rompre avec les énergies du passé, avec tous les liens karmiques que vous avez noués et de délaisser toutes les empreintes contraignantes qui entachent votre âme, votre corps éthérique ou tous fragments de vous-même, depuis votre toute première incarnation dans la sphère physique. Acceptez les merveilleuses énergies cristallines que nous déversons présentement sur vous pour vous aider à rebâtir votre corps de Lumière. À l'intérieur même de votre structure cérébrale, des clés et codes sont désormais activés pour vous permettre le souvenir de qui vous êtes vraiment. Le moment est venu de vous emplir de Lumière, de cette connaissance véritable, de la sagesse de la conscience divine.

Vous pouvez amorcer le processus en prenant conscience des diverses ententes que vous avez prises, puis vous en défaire avec amour et libérer par le fait même toute autre personne impliquée. Ceci inclut toute entente contractée avec des entités du plan astral qui retardent votre évolution et la leur. Rédigez une liste détaillant ces ententes que vous souhaitez rompre, liste qui sera aussi longue et précise que nécessaire. Méditez-en chaque élément en tentant d'en ressentir l'essence et l'origine. En d'autres termes, permettez à votre Soi supérieur de vous guider tout au long de cette méditation jusqu'à ce que vous saisissiez la source. Puis, vous l'infuserez de la Flamme violette de Transmutation, vous délivrant vous-même et toute personne concernée. Annulez le contrat dans sa totalité – passé, présent et futur – et incitez toute son énergie à se transmuer en perfection, ainsi que tout karma résiduel.

Ceci exigera peut-être un certain travail et du temps, ainsi que votre participation à une méditation active, ou une communion avec votre Soi supérieur, avec vos guides et maîtres. D'une part, les bienfaits consisteront à faire place à une infusion accrue d'énergie cosmique pure, pour amener votre véhicule corporel à un alignement plus parfait. D'autre part, ils permettront l'établissement d'une collaboration active avec vos guides et maîtres. Les résultats seront percutants et, de toute évidence, miraculeux. Soyez prêt à mettre le temps nécessaire pour ressentir le dénouement de chaque entente. Attendez-vous également à un changement, à une évolution dans vos rapports. Afin de vous délester, vous-même et autrui, de ces ententes contraignantes, vous devez savoir que certaines relations prendront sans doute fin. Laissez la transition s'opérer selon votre façon d'être, de penser et d'échanger avec les autres.

Prendre conscience que les choses doivent changer constitue le premier pas. Le courage et la volonté d'effectuer ces changements représentent le prochain pas. C'est là la base de l'ascension, chers amis : vous défaire des énergies contraignantes, limitatives, de la troisième dimension qui vous enchaînent et leur substituer les vibrations illimitées, aimantes, concédant le pouvoir des hautes sphères de la quatrième et de la cinquième dimension.

À la suite de ce processus qui consiste à reprogrammer votre nature mentale et émotionnelle, tout en délaissant les anciennes restrictions, vient le temps de construire une vision neuve de votre être grandiose : comme le cocréateur magistral que vous êtes destiné à devenir, ce pour quoi vous êtes actuellement en apprentissage. Nous vous avons lancé un défi, il y a un petit moment, soit l'art de façonner votre réalité extérieure et d'amener sur le plan physique la réalisation de vos souhaits dans le monde parfait que vous visualisez. Nous vous demandons maintenant d'établir et d'affermir la vision de votre activité dans ce monde envisagé. Ceci, en délaissant toutes ces énergies qui désormais ne vous servent plus, grâce à quoi vous serez en mesure de mieux définir votre identité présente et future, vos sentiments à ce moment et ce que vous ferez de cet univers parfait. Le monde à édifier doit être partagé avec autrui ; pour le plus grand bien de tous, aucun désir égoïste ne doit s'y immiscer. La prospérité, les rétributions, la joie, l'amour, la paix, le plaisir, le confort, pourraient suffire à l'humanité entière, si seulement vous retiriez les œillères de la limitation, de l'égoïsme, de l'avidité et de la crainte.

Un cercle intime en accord avec votre vision doit être établi. Visualisez et exprimez par écrit, méticuleusement et avec force détails, ce que signifie pour vous cette vision ; votre identité, ce que vous deviendrez, ce que vous éprouverez et la nature de vos échanges avec d'autres. Formulez les détails de ce que vous souhaitez accomplir durant le temps qu'il vous reste à vivre dans la sphère physique, un itinéraire, un plan à long terme. Déterminez qui vous secondera dans l'accomplissement de ce plan ; sans citer de nom ni esquisser de visage, il s'agit simplement pour vous d'en fournir les attributs, puis de laisser le soin à l'univers de vous procurer ceux qui auront davantage d'affinités avec votre vision. Vous posez les bases en vue d'attirer votre famille spirituelle, en parfaite compatibilité, les fragments de votre Soi grandiose. Nous avons promis que vous n'auriez plus à lutter seul, et voici que se réalise cette promesse. Nous vous demandons toutefois d'ouvrir la voie afin que ces énergies parachevées, ces âmes parfaites, pénètrent votre conscience et votre cercle intime.

Nous vous demandons souvent d'appliquer votre vision au cercle externe, le monde en général, étendant l'envergure de votre influence. Comment l'envisagez-vous ? Quel rôle y jouez-vous ?

Comment tout cela s'intègre-t-il dans la vaste totalité ? En fait, quelle sera la contribution de votre groupe ou de votre cercle intime à la communauté, à l'État, à la nation, au monde, au système solaire et autre ? Tout doit être au diapason de la transformation et de la transmutation vers les octaves supérieurs, au cours du périple de votre Terre dans la cinquième dimension et avec le passage du système solaire, de la galaxie et de l'univers vers le prochain degré d'harmonisation avec le Soleil central.

Les outils qu'offre le chant harmonique, ou *toning*, seront d'une grande utilité dans la rupture de ces contrats. Au cas où vous ne sauriez pas comment vous y prendre, plusieurs enregistrements et nombre d'explications sont disponibles. Le principe fondamental consiste à débloquer des énergies obstruées à l'aide du son. Expérimentez les sons puissants (sans crier). Expirez en émettant un POW retentissant ou chantez AUM ou OM à différents octaves ; émettez des gémissements sonores ou expulsez des sons avec force. Toutes ces approches facilitent un dégagement de l'énergie bloquée. Nous n'abordons pas la méthode en détail, car d'excellentes sources d'information existent sur le sujet. Mais soyez certains qu'il s'agit là d'un outil précieux, valable, dont l'emploi tendra à se généraliser, de même que la thérapie des couleurs et l'aromathérapie. Tout cela en vue d'équilibrer et de guérir le complexe corps/esprit à l'aube de ce Nouvel Âge.

Nous souhaitons que vous ouvriez votre esprit, étendiez votre conscience et employiez ces moyens à votre portée en cette imminente époque de transformation. Nous l'avons mentionné à plusieurs reprises : assemblez-vous en vue d'engendrer une synergie et d'établir un effort concerté qui serviront à effectuer ces tâches de guérison et de restauration de l'équilibre, de sorte que vous n'aurez pas à œuvrer seul. Cette unité et le dévouement à un objectif unique ainsi que l'échange entre individus partageant des affinités d'esprit sont quelques-uns des dons éminents qui vous sont offerts en cette époque. Ne demeurez pas isolé dans la souffrance et le rejet. Sachez que d'autres partagent votre dessein et vos désirs. Vous n'avez qu'à formuler l'appel, amorcer l'effort, et ils apparaîtront, un à un, comme par magie. L'appel rayonnera de la vibration de votre intention bienveillante, et ceux doués d'une énergie similaire y répondront.

Les vents du changement s'élèvent, la vibration de l'influence des planètes se répercute et des ondes de choc frémissent sur la planète. La Terre subit une purification émotive, telle qu'en témoigne la fréquence accrue des inondations dans ce pays et dans d'autres régions du monde. Ces énergies aggravent l'angoisse et la détresse de l'humanité, et il est d'importance capitale de rechercher l'équilibre, l'harmonie et la force dans la conscience spirituelle, pour ainsi survivre à cette époque d'incertitude et aux tourmentes de la transformation.

Laissez-vous porter par les flots de l'ascension, ou illumination spirituelle, l'infiltration de la Lumière en vous, ce qui est sagesse, l'imprégnation de la Lumière dans le monde, ce qui amènera à l'humanité paix, amour et unité. Nous, des royaumes célestes, vous apportons secours et soins tout au long de cette époque de renaissance.

Moi, le seigneur Michaël, vous offre mes conseils. Invoquez et je répondrai.

EXEMPLES D'ENTENTES À ROMPRE – DE CE QUI DOIT ÊTRE DÉLESTÉ POUR ENFIN RÉALISER LA SAGESSE ET LE POUVOIR SPIRITUEL SUPRÊMES.
« J'EN APPELLE À LA PRÉSENCE JE SUIS DE M'EMPLIR DE SAGESSE, DE DISCERNEMENT ET D'INTENTION BIENVEILLANTE. QU'IL EN SOIT AINSI ! »

1. Je me déleste de toute dette karmique résiduelle et de toute énergie déformée en mes corps physique, émotionnel et astral. Je résous toutes les conditions avec dignité et facilement, et me joins à la Lumière en vue de participer à la création des Cieux sur Terre.
2. Je me défais de toute entente contractée envers ma famille ou mes amis (ou une ex-relation) ou envers qui que ce soit m'emprisonnant dans la réalité tridimensionnelle.
3. Je délaisse tout concept invalide concernant le fait de mériter l'amour, la joie, la paix, l'harmonie, la sécurité, l'abondance et la créativité.
4. Je me déleste de tout conditionnement préliminaire et de toute mémoire cellulaire quant à ma forme physique. Je me prévaux de mon droit divin à la beauté, à la vitalité, à la santé et au bien-être, car c'est là la condition naturelle de tout être, et je n'ai qu'à suivre les incitations de l'Esprit pour manifester cette perfection.
5. Je renonce au besoin de sauver qui que ce soit. Je conçois que ma mission consiste à accepter mon état de maître et à devenir un exemple vivant pour tous, sans aucune attente envers quiconque.
6. Je renonce à toute expectative touchant ma créativité et mon travail. Je travaille et je crée pour la joie intrinsèque de le faire, en sachant que mes richesses et mes ressources proviennent de l'Esprit ; non pas de mes efforts, mais de ma conviction de les mériter.
7. Je libère tout pouvoir qu'aurait sur moi le gouvernement ou *l'establishment* tridimensionnel. Ils ne me dominent aucunement, pas plus d'ailleurs que ma prospérité ou ma sécurité. J'ai plein

pouvoir de réaliser ma propre sécurité, mon autosuffisance, et je suis seul et unique maître de ma destinée.

8. Je délaisse toute conception fallacieuse quant à ma capacité d'assimiler toute connaissance, sagesse ou information pertinente en provenance de l'Esprit et des royaumes supérieurs. J'obtiens de nouveaux concepts et une sagesse inédite pour ainsi apprendre, évoluer et servir d'exemple vivant.

9. J'abandonne tout jugement, préjugé et toute attente envers d'autres personnes, dans la certitude qu'elles sont là où elles doivent être, tant géographiquement que sous l'angle de leur évolution. J'offre amour et encouragement, et n'accorde de l'information que lorsqu'on me la demande, en précisant clairement que ma vérité n'est peut-être pas la leur.

# Maîtres de lumière

Maîtres bien-aimés, moi, le seigneur Michaël, vous transmets les salutations du Très Haut. Vous ne serez désormais plus « travailleurs de Lumière », car plusieurs ont dépassé cette désignation, ou cette étape de leur formation. Le temps est venu de vous mettre de l'avant et de revendiquer votre identité véritable : celle de Maîtres de Lumière, de Guerriers des vastes légions de Lumière, venus assister cette planète qu'on nomme la Terre et ses habitants à surmonter les contraintes de la dissension. L'heure de la graduation a sonné, chers amis ; l'heure de faire fi de l'impuissance, de l'isolement ; l'heure de faire jaillir de vous la puissance accordée par l'Être suprême qui vous permettra de ressentir l'unicité de tout, pour autant que vous y consentiez.

Dédaignez les notions insignifiantes de la réalité, chers amis. Percevez-vous plutôt, ainsi que votre univers, du point de vue qu'entretiendrait un maître : selon une perspective beaucoup plus globale. Vous avez investigué, fouillé vos vies et expériences antérieures, afin d'atteindre une meilleure compréhension de vous-même et de faciliter la résolution de questions résiduelles. Toutefois, il faut maintenant vous libérer de cette parcelle infime de votre grande et merveilleuse histoire. Toutes vos expériences sur Terre s'inscrivent dans un processus de croissance évolutif qui vous prépare à la présente époque, point culminant de cette expérience particulière.

Laissez tomber les petits détails et concentrez-vous sur le vaste scénario qui se déploie. Cherchez dans vos vies le thème qui vous révélera votre rôle dans cet ultime scénario qu'est l'ascension. Ne vous attristez pas si vous ignorez encore où se trouve votre destinée, ou la nature de votre mission. Votre destinée est l'ascension, et votre mission vous est dévoilée chaque jour. Faites-leur face, acceptez-les, et destinée et mission s'épanouiront en votre cœur et conscience.

Votre destinée ne tient peut-être qu'à servir de phare lumineux, d'exemple vivant, afin de montrer aux autres comment agir et réagir en toute situation. Vous, les enseignants, savez que vous êtes enseignants, car vous avez instruit, d'une façon ou d'une autre, nombre de vies durant. Vous, dirigeants et organisateurs, ne pouvez vous empêcher de suivre cette disposition ; ainsi, prévalez-vous de votre pouvoir avec sagesse, autorité et compassion. Que les guérisseurs cessent de nier leur aptitude. Laissez l'énergie christique déferler en vous, sachant que vous n'êtes que le véhicule par lequel les gens peuvent accéder à leur santé et à leur plénitude.

Les guérisseurs de la Terre et ceux qui sont sensibles aux royaumes des *devas* sont d'une importance primordiale. Il leur faut démontrer au monde la magie dont ils sont capables afin d'équilibrer et d'harmoniser la relation consciente de l'humanité avec les divers éléments de la nature - coexistant pour le plus grand bien de tous.

Vous devriez tous maintenant vous rendre compte que ces éléments de réflexion vous mènent vers une prise de conscience, celle de votre identité véritable, celle d'un maître en état ascensionnel. Il n'est plus opportun de juger en bien ou en mal quoi que ce soit ou qui que ce soit. L'heure est venue d'envisager votre monde et ses situations depuis une perspective, un point de vue dimensionnel supérieur, où tout est parfait et où chaque personne se trouve exactement là où elle doit être, dans des circonstances convenant parfaitement à son progrès vers la Lumière.

Il vous sera agréable de savoir que nous participons à plusieurs événements, que nous accélérons leur déroulement, et ceci avec le consentement et la coopération de l'avant-garde, en l'occurrence, vous, les semences d'étoiles. Le temps se précipite, en raison de l'augmentation du taux vibratoire que vous et votre planète subissez, et les événements se trouvent compressés à l'intérieur d'une échéance temporelle plus courte. Par conséquent, les circonstances négatives sembleront se bousculer autour de vous, de sorte que, toutefois, un nombre accru de gens prendront conscience qu'il est temps de changer : les choses ne sont plus ce qu'elles étaient. Règnent l'agitation, le mécontentement, la peur et un sentiment d'impuissance, à un point tel que vous entrez en scène pour fournir les réponses, l'exemple, la conscience nouvelle.

Ne désespérez pas, amis bien-aimés, si votre monde et l'humanité sombrent dans la déchéance et s'anéantissent, car, au contraire, vous êtes en route vers la maison... Vous portez la Lumière du monde sur vos épaules et il est temps de laisser ses rayons strier l'espace, de la laisser envelopper et pénétrer la Terre.

Le moment est venu d'amener l'obscurité à la Lumière, d'équilibrer les polarités masculine et féminine, de vous centrer sur l'Étincelle de Force divine en chacun et en tout, étincelle qui inonde sans discernement de ses rayons d'Amour/Lumière. Un Maître perçoit la perfection et la Lumière en chaque chose et en chaque être.

L'énergie christique dirigée vers chacun de vous, qui êtes maîtres, ne peut être redéfinie. La Lumière christique constitue de l'information en provenance de la source la plus élevée, et l'Amour christique représente, quant à lui, l'instrument de la manifestation dans sa forme la plus sublime. L'énergie christique est diffusée vers vous à partir du trône de la Totalité de l'existence et filtre jusqu'à vous par le Soleil central et la Hiérarchie de l'Hôte céleste. À votre tour, vous agissez comme transmetteurs et émetteurs de cette énergie pure, et peu importe ce sur quoi vous dirigez votre intention, cette chose en sera affectée au plus haut point. Elle s'illuminera ou se transformera suivant sa capacité à recevoir cette énergie pure.

Par ailleurs, l'énergie électromagnétique, la substance de la manifestation employée à la création des mondes, est malléable et modifiable selon le taux vibratoire et le libre arbitre de l'utilisateur. Saisissez-vous la différence ? N'ayez donc aucune crainte d'amplifier la force de la négativité en la dirigeant vers la Lumière christique. Au contraire, amis très chers, vous rendez un grand service, car vous aimez inconditionnellement : vous délivrez des liens de l'obscurité. Et lorsqu'un nombre suffisant d'entre vous commencera à diriger cette Lumière christique sur les régions sombres de votre monde et de votre système solaire, même Lucifer et ses anges déchus devront reculer et accepter la Lumière. Ils ne pourront y résister. Dieu choisit le retour à la Lumière pour sa création entière, et non pas seulement pour une partie de celle-ci. Il n'est pas facile d'accepter cette prémisse selon laquelle Dieu Père/Mère est capable de transformer et de recevoir toutes ses créatures en son sein, là d'où origine chacune, peu importe le point où elles en sont actuellement.

Laissez aller la peur, mes bien-aimés, et ressentez la perfection du plan divin : le grand schisme, le périple jusqu'aux confins de l'univers, les sentiments de désespoir et de futilité transformés en espoir et en une vision nouvelle au fil de votre inexorable retour à l'harmonie avec votre galaxie, votre univers et, ultimement, au fil de votre réunification avec la Totalité de l'existence.

Nous sommes tous du même voyage, chers amis. Venez, unissez-vous à nous et voyageons ensemble. Moi, le seigneur Michaël, partage avec vous ces heureuses nouvelles.

# Vous êtes le Soi supérieur au sein des fragments créés par vous

Bien-aimés Maîtres de Lumière, j'apporte les salutations du Très Haut. Continuons donc les enseignements sur l'Esprit et la matière, tout particulièrement sur la puissance de vos formes-pensées et des expressions de l'énergie créée au fil des siècles par vos pouvoirs de manifestation.

Vous êtes des fragments d'une *Âme globale*, qui est elle-même une portion individualisée d'un être de Lumière incommensurable – tous vous visez à manifester et à expérimenter en vue d'atteindre la sagesse – et chacun est destiné à réintégrer la magnificence de la Totalité de l'existence. D'une façon similaire, au cours de votre évolution vous avez engendré des aspects fragmentés de vous-mêmes en expérimentant avec les énergies de création.

Par une série d'expérimentations, immergés dans la densité tridimensionnelle, vous avez fragmenté votre âme, ébauchant des prolongations de vous-mêmes auxquelles vous référez peut-être sous le terme d' « entités », qui vous sont reliées par des filaments énergétiques et qui résident dans des sphères d'existence inférieures ou supérieures, selon la qualité d'énergie que vous leur avez insufflée. Voilà ce que signifie le fait d'avoir plusieurs soi, ou vies, parallèles dans des dimensions adjacentes.

On vous dit aujourd'hui que toutes ces parcelles se rassemblent, se rejoignent en soi, en route vers les plans d'énergie ou de création plus subtils. Ces fragments de vous sont donc ramenés dans votre expérience, qu'ils soient harmonieux ou non. Ceci provoque parfois une grande joie, une conscience nouvelle, mais le plus souvent, le processus entraîne malaise et déséquilibre.

Nous avons entendu maintes doléances : « Pourquoi est-ce si difficile d'être artisans de la Lumière ? Nous faisons tant d'efforts ! Pourquoi tous ces défis, tous ces obstacles sur la voie ? »

Nous vous répondons tout d'abord que l'accélération du temps fait que ce qui s'étalerait normalement sur plusieurs vies, prend maintenant quelques jours ou quelques mois seulement. Puisque vous êtes désormais confrontés à toutes les parcelles de votre être et même si l'une d'elles est convaincue des manques existants, de la pauvreté, d'être indigne de mériter l'amour, donc, incapable d'attirer à elle des rapports aimants ; que ce soit une partie niant ses aptitudes, persuadée de son impuissance, de sa vulnérabilité aux autres ; que ce soit la croyance en la violence, au combat contre les forces négatives ; que ce soit une mauvaise santé, ou que ce fragment soit engagé dans l'inéluctable processus de vieillissement et de mort – peu importe – vous êtes amenés à faire face à chacune d'elles afin de les intégrer.

Tout ceci constitue un aspect inévitable de la voie vers l'état de maître et de l'ascension. Il nous est toutefois possible de vous aider à intégrer ces fragments de vous-même aisément et avec dignité. Nous vous offrons les moyens et la sagesse de satisfaire à ces questions à partir d'un point de vue supérieur, celui d'un maître. Aimez toutes ces parcelles imparfaites de votre personne jusqu'à les libérer. Vous pouvez les équilibrer avant qu'elles ne surgissent dans votre champ énergétique en vue de leur harmonisation et de leur réintégration.

Voici la méthode que nous partageons avec vous afin de faciliter ce processus de transition : placez-vous dans un état méditatif ; il est suggéré d'employer un cristal pour magnifier votre champ énergétique et accentuer ainsi l'énergie que concentre votre chakra de la couronne. Invoquez vos guides et enseignants, les Maîtres et votre présence Je Suis, et enveloppez-vous de la Flamme violette de Transmutation. Une fois votre invocation achevée, projetez votre conscience vers ces fréquences parallèles. Voyez ces entités que vous avez créées. Leur nature et leur identité devraient vous être familières : tout aspect de votre vie en déséquilibre, toute cause de friction, de souffrance qui vous ébranle et vous rend déphasé par rapport à votre Soi supérieur proviennent d'une énergie à laquelle vous avez insufflé vie au cours des âges.

Certaines énergies sont extrêmement puissantes. Si vous êtes prisonnier d'une dépendance quelconque, incapable de vous en défaire, c'est que vous avez accordé une énorme quantité d'énergie à cette entité et qu'il est inutile de la combattre. Vous ne réussirez qu'à l'alimenter et à la renforcer. Combien de fois vous a-t-on répété que la crainte d'une chose a justement pour effet de la manifester, de l'attirer à vous ? Consentez à ces énergies une réalité – voyez-les, identifiez-les, admettez leur existence. Vous avez tenté depuis si longtemps d'ignorer cela, mais en vain, car éventuellement vous les validez en désirant, par le biais d'émotions intenses, éliminer ce qu'elles créent dans votre vie.

Vous sentez parfois que vous ne maîtrisez pas votre vie, et c'est vrai, chers amis. Vous n'y arriverez que lorsque ces fragments de votre personne seront intégrés et assimilés à votre être.

Après avoir identifié ces diverses énergies ou entités, ressentez la puissance de l'énergie christique incandescente en votre chakra du cœur, tel un grand soleil doré. Sentez l'accumulation de cette énergie jusqu'à ce qu'elle imprègne totalement votre corps et votre champ énergétique ou votre aura ; irradiez en retour cette énergie vers chacune de ces entités, pour les emplir d'une lumière dorée, Amour/Lumière, jusqu'à ce qu'elles soient transformées. Peut-être aurez-vous à répéter plusieurs fois cette méditation pour chaque entité, surtout si elles ont accumulé du pouvoir, mais lorsque vous sentirez que vous avez équilibré et neutralisé leurs énergies, visualisez-les se dirigeant vers vous sur un ruisseau de Lumière. Si elles sont équilibrées, vous les absorberez en votre chakra du cœur pour les y intégrer, avec un immense sentiment de paix et de délivrance.

Si elles ne sont pas prêtes à être intégrées, même encore teintées d'une énergie résiduelle négative, l'entité s'arrêtera à un certain point et ne pénétrera pas votre champ aurique de Lumière, car elles ne peuvent franchir cette barrière protectrice dont vous vous entourez jusqu'à ce qu'elles soient elles-mêmes de pure Lumière. Ainsi, vous saurez qu'il vous reste du pain sur la planche.

De cette façon, amis intrépides, vous ne subirez pas tant de souffrances et d'angoisses en ces temps tourmentés de transition.

Cependant, même si vous ne pouvez vous intégrer à votre Soi supérieur, votre Soi christique, tant que vous n'êtes pas en équilibre et vibrant à une fréquence supérieure, vous pouvez employer vos pouvoirs nouveaux afin de contrôler la réabsorption de vos énergies fragmentées. Nous vous enjoignons de commencer à mettre ces dons en pratique, car le temps presse. Ou bien vous assimilerez ces parcelles de vous-même aisément et avec dignité, ou bien vous y arriverez par le biais de tentatives et de tribulations, mais elles devront être intégrées. C'est là le processus évolutif que vous vivez : l'ascension souligne tout d'abord la réunification, la remise en équilibre et l'harmonisation d'énergies, puis l'accélération de la fréquence. Vous avez requis la facilité et la dignité. Par conséquent, nous vous offrons ces méthodes afin d'aider la transition.

Avec l'affinement de votre sensibilité et l'estompement des voiles interdimensionnels, vous vous retrouvez à glisser d'une réalité à l'autre, exprimant de ce fait des fluctuations émotives, des sautes d'humeur et des impulsions pour le moins déconcertantes. Plusieurs accusent les forces obscures, mais, chers amis, elles n'y sont pour rien, vous êtes priés de nous croire. Tous ces fragments de votre être demandent à être entendus, car ils désirent la réunification, comme vous-mêmes d'ailleurs. Reconnaissez leur existence, confirmez-les ; ils n'en deviendront pas plus puissants pour autant. Au contraire, la voie sera ouverte aux échanges et à la réintégration empreints d'amour, sans le stress supplémentaire de leur réclamation.

Tout comme vous tendez vers votre Soi supérieur en vue de recevoir l'amour, la sagesse et le pouvoir de la réunification, il en va de même pour ces fragments. VOUS ÊTES LEUR SOI SUPÉRIEUR, ne le voyez-vous pas ?

Ainsi, la vie continue, s'élevant sur l'échelle évolutive, sur la spirale de la conscience, attirant inexorablement à elle tous les aspects de la Pensée de Dieu. L'inhalation suprême est amorcée, chers amis. Soit vous traversez ce périple à reculons, en résistant jusqu'au bout, soit vous montez la vague de l'ascension jusqu'à sa crête, un peu inquiets peut-être, mais exaltés et joyeux, sachant qu'après tout vous êtes dans le giron du Créateur Père/Mère et que rien ne peut vous atteindre.

Faites la paix avec vous-mêmes, amis très chers, puis venez vous joindre à nous pour la chevauchée des Âges. Vous n'aurez jamais à le regretter. Moi, le seigneur Michaël, vous en fais la promesse. Il en est ainsi.

# Le message de l'Archange Michaël sur le 12:12

Maîtres de Lumière bien-aimés, je vous apporte les salutations du Très Haut. Vous avez les souvenirs et les murmures, des mythes vous sont parvenus depuis les siècles d'âges d'or que l'humanité a jadis connus sur Terre. Vous avez entendu, rêvé, souhaité, que les prédictions d'un nouvel Âge d'or, mille ans de paix et de merveilles, s'avèrent exactes. Eh bien, chers amis si précieux, nous souhaitons vous annoncer qu'elles le sont et que l'heure sonnera bientôt.

Dans votre galaxie, le chiffre douze a une importance certaine. Votre Bible mentionne le chiffre douze plus de cent cinquante fois : douze apôtres, douze disciples du Bouddha [on parle normalement des cinq premiers disciples du Bouddha, N.D.T.], les douze tribus, etc. Vous avez douze signes astrologiques, douze maisons du zodiaque, douze heures sur l'horloge délimitant le jour et la nuit, et douze mois dans l'année marquant le passage du temps.

Lorsque votre planète plongea dans la densité et la contrainte, ces attributs de l'expérience tridimensionnelle, vous avez été dissociés de la magnificence des énergies des douze rayons, des douze chakras qui donnent vie, et déconnectés des douze chaînes d'ADN. Une ceinture de quarantaine fut mise en place autour de votre planète, parce qu'il était inadmissible que cette résonance négative et ces énergies dissonantes déferlant dans les plans astraux puissent infecter, ou affecter, le reste de votre système solaire et de la galaxie. Mais cette époque est révolue, chers amis, et grâce aux efforts d'êtres remarquables tels que vous – ayant cheminé avec foi, subi maintes épreuves, dont le courage a permis l'accès et l'ancrage de la Lumière – il est de nouveau possible de souhaiter atteindre l'harmonie et l'union ultime avec le Créateur. Vous êtes devenus des transformateurs, des faisceaux d'éclairs, des transmetteurs d'énergie. Vous avez tiré l'énergie des domaines supérieurs, l'avez amarrée puis diffusée autour de votre Terre.

Nous avons déjà affirmé que, jusqu'au milieu de ce siècle, nous ne savions pas si un cataclysme et une destruction massive devaient engloutir la Terre et l'humanité. Cette éventualité n'est toutefois plus inscrite dans votre avenir.

Le chiffre douze symbolise la transition depuis le domaine physique jusqu'au plan spirituel. Vous et votre Terre prenez possession de votre héritage spirituel. Depuis des millénaires, vous avez vibré au diapason des harmoniques atténuées du chiffre sept : sept chakras, sept rayons, et les confins de sept dimensions, ou plans secondaires. Votre âme ne vous était accessible que par l'entremise d'un fil d'argent énergétique très fin, et vous ne pouviez faire l'expérience directe de la dynamique et de l'énergie créatrice de vie des cinq Rayons supérieurs de votre galaxie, ni de l'infusion de l'énergie dorée directement de la Source. Ces Rayons supérieurs constituent de puissantes fréquences transformatrices, et en y puisant graduellement, lorsque vous assimilerez ces énergies subtiles en votre corps, elles purifieront et modifieront votre structure cellulaire, aviveront vos glandes, éveillant le savoir contenu dans votre ADN et dans vos neurones. Voilà ce qui permettra l'intégration et l'élaboration de votre corps de Lumière, vous menant éventuellement vers l'état de maître et la vérité de l'ascension. Vous croyez accomplir tout cela seuls, amis très chers, mais tel n'est pas le cas. Vous êtes secondés par des êtres prodigieux, miraculeux, à vos côtés afin de vous servir et d'assurer votre succès. Vous voyez, ce joyau qu'on nomme la Terre est une planète précieuse, tout à fait spéciale. Elle est conçue avec force détails, présentant la diversité et les manifestations en provenance d'autres systèmes stellaires et de civilisations anciennes. Vous êtes les semences d'étoiles de plusieurs civilisations en vue de représenter votre race, et êtes doués d'un encodage vous permettant de participer à cette entreprise intrépide. Vous êtes venus en tant que cocréateurs et avez éventuellement adopté la forme physique de façon à expérimenter les émotions, le corps mental, le spectre complet du corps de désir ; votre mission consistait à équilibrer l'esprit dans un corps physique et à cocréer le paradis sur Terre, en tant que prolongation de Dieu/Déesse, Créateur de Tout. Pour ce faire, vous étiez nantis du plus grand don : le libre arbitre.

Comme vous le saviez, depuis des siècles vous vous êtes détournés de la volonté du Créateur à cause de vos désirs, d'où un sentiment de culpabilité, de crainte, de limitation. Puis, vous avez adhéré à la croyance en la seule existence du corps physique et du monde matériel d'apparences et de sons. Vous pensiez qu'un dieu existait peut-être quelque part au-delà, mais à une distance hors d'atteinte et inaccessible ; vous vous êtes également crus indignes d'interaction avec les royaumes angéliques et avec le Créateur.

Vous vous êtes empêtrés dans le corps de désir constitué d'émotions et de sensations, puis l'ego prit insidieusement contrôle de vos processus mentaux et de votre réalité. Lors de son séjour dans le corps physique, l'ego devait être le serviteur de l'âme. L'ego a une grande importance puisqu'il façonne votre personnalité au fil de vos expériences. Il détermine votre identité dans le domaine physique et a pour tâche de surveiller votre véhicule physique, de s'assurer de ses fonctions, d'avertir l'âme des dangers, des malaises encourus ; l'ego est censé servir l'âme et non pas la diriger. De là découlent nombre de vos conflits, lorsque vous tentez de reprendre le pouvoir dont s'est emparé l'ego pour le ramener à l'équilibre et sous la domination de votre Soi supérieur. Il est clair que plusieurs d'entre vous s'en sortent très bien, tandis que la population en général reste aux prises avec l'hégémonie du moi-ego.

Vous en êtes arrivés à un point de votre purification, de l'élévation de votre taux vibratoire, que nous appelons initiation spirituelle. À mesure que vous délaissez ces choses désormais inutiles et que vous atteignez l'équilibre de vos quatre corps inférieurs, vous gravissez l'échelle de la conscience, vers la sagesse suprême et l'illumination. Voilà ce que signifie l'ascension. Un jour à la fois, pas à pas, vous augmentez votre fréquence ou au contraire, vous la diminuez : vous vous élevez ou vous chutez. De tarder ou de déchoir ne constitue plus une option valable ; vous devez choisir dès maintenant.

Nombre d'entre vous projettent déjà suffisamment d'amour, de Lumière, de beauté pour attirer l'attention de l'un des Maîtres et tomber sous sa direction. Vous êtes devenus ce que l'on nomme des disciples engagés sur la voie. Si vous ne vous sentez pas déjà en grande affinité ou en résonance avec un Maître en particulier, lancez un appel, demandez à savoir. La réponse surviendra peut-être en rêve, ou encore, recevrez-vous un signe de cet être sublime dans chaque livre que vous consultez. Ce signe transportera votre âme. Un jour, ces êtres de Lumière se manifesteront à votre esprit, à votre attention. Ces êtres christiques, ces Maîtres ascensionnés ont vécu sur Terre et ont traversé toutes les épreuves, les tribulations de la vie, comme vous-mêmes. Ainsi, ils connaissent bien ce que vous sentez et les défis qu'il vous faut relever. Bienveillants, et dans leur compassion illimitée, ils vous abriteront sous leurs attributs et partageront avec vous leur vaste sagesse, leur amour, leur force, de même que le bénéfice de leur expérience. Vous n'avez pas à tout accomplir seuls. Consentez à notre appui, à ce que nous facilitions votre voie.

Ce portail vers l'ascension, cette route de Lumière qui s'ouvrent ont été prévus depuis les débuts de cette expérience sur Terre. Vous étiez volontaires pour cette mission et avez démontré un courage, un dévouement exemplaires par rapport à cet objectif, même après avoir oublié et chuté dans l'illusion. Vous n'étiez pas censés avoir à lutter constamment seuls, et un plan directeur prévoyant votre sauvetage et votre retrait a toujours existé, si nécessité il y avait.

Visualisez ce portail prodigieux et voyez un sentier étroit le traversant – il est plutôt escarpé, sans toutefois s'avérer insurmontable. Plusieurs sentiers le bordent d'un côté, sur une pente atténuée, facile à franchir. Éventuellement, après un détour, ils rejoignent la route principale pour finalement atteindre le portail.

C'est votre décision de suivre directement cet étroit sentier miraculeux menant à votre conscience supérieure et vers votre divinité, revendiquant votre droit acquis ; ou alors, vous préférerez le détour, pour suivre plus tard ces êtres courageux qui ont franchi le seuil, qui ont déblayé la voie, peu importe le prix à payer. Peut-être cela vous semble-t-il terrifiant, ardu, mais nous vous assurons que peu importe l'ampleur de la difficulté, la mesure des rétributions la dépassera largement. Vous êtes tout près, ayez confiance, franchissez le seuil, amis bien-aimés, allez-y.

Croyez-nous lorsque nous vous affirmons que l'initiation que vous connaîtrez dépasse en importance toutes les autres vécues pendant plusieurs vies. En Égypte, lorsque nombre d'entre vous reposiez dans des sarcophages, confrontés aux effrois de votre ego et de votre âme, certains, voire plusieurs, ne réussirent pas, certains autres trépassèrent et durent recommencer. Le temps est venu de renoncer à ces craintes, chers amis. Il n'est plus nécessaire de suivre les règles et de franchir les épreuves rigides et laborieuses appartenant au passé pour vous mouvoir enfin à travers le processus d'initiation. On vous a accordé une dispense, le don de la grâce vous secondant sur la voie de façon à accélérer ce processus. Il vous faut toutefois prendre l'engagement et vous dédier corps et âme de façon à ne pas rater cette occasion.

Consentez à un autre présent de notre part, si vous le voulez bien. Fermez les yeux et installez-vous dans la chambre sacrée en votre chakra du cœur. Elle revêt l'incandescence que lui prête un grand soleil doré. Visualisez-vous en cette chambre sous la forme d'un diamant magnifique ou d'un cristal. Comment envisagez-vous votre corps de Lumière parfait, sa nature ? Vous en souvenez-vous ? Vous pouvez l'imaginer sous forme humaine, si vous le souhaitez, mais surtout, sentez-le, ressentez sa légèreté, son ardeur, sa liberté sans les entraves et les contraintes de la structure physique. Sentez maintenant que vous flottez hors de votre chakra de la couronne, dans une dérive miraculeuse vers les domaines supérieurs, dans cet air doux, raréfié, appartenant aux fréquences subtiles. Vous résonnez, vibrez – si conscient – vous vous sentez vivre. Puis vous voyez au loin une somptueuse cathédrale de cristal. Deux grandes arches s'ouvrent largement et un faisceau doré de lumière vous emporte là-haut, vers le seuil de cette entrée. Vous pénétrez à l'intérieur, et autour de vous plusieurs visages familiers emplissent cette vaste salle, ceux des êtres les plus sublimes. Une douce musique vous émeut jusqu'aux larmes, une énergie bienveillante rayonne, presque insoutenable. Vous êtes au milieu d'une foule, avançant le long d'une allée, sans arriver à voir ce qui se trouve devant, quand, soudainement, ceux qui vous précèdent se placent sur la droite et sur la gauche, vous laissant debout devant un homme somptueusement vêtu, rayonnant de puissance et, pourtant, d'une infinie compassion. À ses côtés, se trouve une dame noble, élégante dans ses habits chatoyants, drapée d'une aura d'amour et de bienveillance. Le couple le plus glorieusement beau que vous ayez jamais vu. Ils irradient et se penchent vers vous avec grand amour, vous reconnaissant, et votre cœur déborde de gratitude. Ce sont les représentants tout-puissants du Dieu et de la Déesse, Créateurs de Tout, et si leur énergie n'était pas atténuée, vous savez bien qu'il ne vous serait pas possible de poser votre regard sur eux ni d'être dans leur champ énergétique.

Cette déesse merveilleuse s'avance et vous demande de tendre la main. Elle en touche la paume de son sceptre, et voilà qu'apparaît une pierre rose iridescente, scintillante. L'homme compatissant et majestueux effleure aussi la paume de votre main. De son sceptre jaillit une lumière bleue aveuglante. Les éclats bleus et roses fusionnent et la pierre tourne au violet pour se métamorphoser en une particule de Flamme violette. Vous serrez cette jolie pierre contre votre cœur, sachant que c'est là un don de l'essence de Dieu et de la Déesse. Après un dernier regard rempli d'amour, vous descendez les marches, parcourez de nouveau l'allée et sortez. Vous avancez à l'intérieur du faisceau lumineux qui vous ramène jusqu'à votre chakra coronal, pour ensuite vous replacer délicatement en votre chakra du cœur.

Commencez à faire usage des cinq Rayons supérieurs qui vous sont désormais accessibles, introduisez-les en votre vie. Ils sont à votre disposition afin de vous aider, de vous apporter de la joie, de grands bénéfices, et accéléreront votre progrès sur la voie de l'ascension. Espérez des miracles, amis bien-aimés, car de fabuleux prodiges attendent que vous les réclamiez. Vous êtes les nouveaux serviteurs de ce monde, l'avant-garde, les Éclaireurs de la voie, ceux qui seront appelés à introduire l'Âge d'or de demain.

Plus vous emploierez ces dons que l'on vous a accordés, même si vous les considérez comme insignifiants, plus vous en recevrez. Vous êtes des êtres enchanteurs, prodigieux, c'est pour nous un honneur de vous servir.

Je Suis l'Archange Michaël et vous fais don de ces vérités.

# Mettre fin à l'illusion de séparation

Maîtres de Lumière bien-aimés, pendant que vous revêtez ce manteau de conscience en vue de votre existence dans les domaines supérieurs, nous aimerions vous donner quelques idées et voir si elles s'accordent à votre vision naissante de la réalité.

Attardons-nous à cette illusion de la séparation des énergies masculine et féminine, à vos idées concernant la sexualité et ce que vous appelez « guerre des sexes ».

Vous équilibrez non seulement vos corps physique, mental et émotionnel/ego, les hémisphères droit et gauche de votre cerveau, mais, après tant de millénaires, vous êtes aussi en voie d'intégrer la polarité des énergies masculine et féminine.

La guerre débuta avec l'opposition de l'énergie de Dieu et de la Déesse. L'aspect volonté/pouvoir divin du Père fut mal employé, tout comme le fut l'aspect sagesse/amour divin de la Mère. Cette lutte commença avec l'ère intermédiaire de l'Atlantide et se prolongea jusqu'à ce que, graduellement, la Déesse quitte la Terre en n'y laissant qu'une parcelle de son énergie, donnant naissance à la société patriarcale et à l'asservissement de tous les êtres incarnés dans une forme féminine.

Il y eut également une époque – que l'on dit le plus souvent mythique – où, dans une société de femmes amazones, les hommes servaient d'esclaves et étaient soumis à beaucoup des sévices et des injustices que les femmes ont subis depuis les 10 000 dernières années. Dans le cas des hommes, la période de temps fut plus brève, et l'étendue du phénomène, moindre. Néanmoins, les archives éthériques de plusieurs personnes en portent l'empreinte.

Ce schisme tire à sa fin, et il faut vous souvenir et accepter le fait que vous avez tous été homme ou femme d'une incarnation à l'autre. Vous avez été victime et bourreau. Vous avez brandi l'énergie masculine pouvoir/volonté et vous avez diffusé l'aspect féminin amour/sagesse. Il est temps que ces énergies fusionnent, qu'elles se modifient, s'unissent et s'alimentent l'une l'autre jusqu'à ce qu'elles soient en équilibre et en harmonie absolus en chacun de vous.

Actuellement, des êtres habitués à s'incarner dans un corps masculin font l'expérience de la vie en tant que femme afin d'illustrer comment vit, agit et fonctionne une femme nantie de pouvoirs : puissante, tournée vers l'action, centrée vers l'extérieur, manipulant la dynamique de la volonté avec discernement et avec compassion, à l'unisson avec l'aspect amour/sagesse de la Déesse.

De même, un grand nombre d'êtres qui ont traversé beaucoup plus de vies dans un corps féminin s'incarnent en tant qu'hommes. Même s'ils se sentent plus à l'aise dans un mode de fonctionnement féminin, ils ont tout de même consenti à une incarnation en cette époque pour servir d'exemples vivants de la façon dont un homme peut être viril et manifester en même temps l'émotion, être créatif, plein de compassion, tendre et doux.

Le schisme entre les sexes rétrécit, et les lois qui régissent leurs rapports – dans la conscience collective – deviennent plus floues. Certaines femmes réussissent dans le monde des affaires et en politique, et pour un homme, rester à la maison pour s'occuper des enfants, s'il le désire, devient de plus en plus admissible. Mais il reste tout de même du chemin à parcourir.

Les énergies sexuelles sont encore un lieu de conflit entre les hommes et les femmes de la Terre. Pour plusieurs d'entre vous, le corps de désir tient toujours le gouvernail de votre psyché. Vous êtes toujours en quête de ce partenaire idéal qui vous complétera et comblera ou apaisera vos souffrances et votre solitude. Soyez assurés, chers amis, qu'une telle chose ne fonctionnera pas. D'ailleurs, nombreux sont ceux et celles qui vont d'une relation à l'autre pour aboutir chaque fois à la catastrophe, à un surcroît de souffrances et de désordres.

L'énergie de la Déesse revient, une fois encore, sur Terre. Plusieurs prennent conscience du fait qu'un aspect vital de leur mission consiste à amarrer et à représenter ce faisceau féminin d'amour/sagesse. Des gens courageux ont consenti à donner l'exemple, à être pionniers d'un archétype autre de l'homme ou de la femme de l'avenir exprimant un équilibre parfait entre l'énergie masculine et féminine, oeuvrant en harmonie, offrant complémentarité et soutien mutuel, interactif, dans toutes les facettes de la vie.

Avant de rencontrer cet allié amoureux, il faudra se concentrer sur l'intégration des polarités mâle et femelle en vous. Acceptez votre divinité, aimez-vous en tant que représentant divin de Dieu/Déesse. Abolissez cette attitude à couteaux tirés envers votre corps physique, le temple de votre Esprit. Amenez plutôt ce dernier à la complétude avec l'aide de votre présence JE SUIS. Cessez d'être supplicié et de vous départir de votre puissance, ou d'être un oppresseur en quête d'approbation, de reconnaissance. Revendiquez votre identité, votre spécificité. Et cessez de vous comparer aux autres. Employez les talents qui vous ont été attribués en cette vie pour franchir les derniers obstacles vous détournant de votre mission et de l'objectif ultime : l'état de maître.

Renoncez à employer votre énergie sexuelle comme une arme ou comme une fuite. Elle doit être utilisée pour ce qu'elle était destinée à être : une faculté formidable, source de pouvoirs. Rendez hommage à votre corps et à celui avec lequel vous choisissez de fusionner. Durant l'échange sexuel avec l'autre, vous puisez bien davantage que des fluides organiques. Vous recueillez aussi les fluides du champ aurique, pour le meilleur ou pour le pire, et ceux-ci prendront des années avant de se dissiper dans la modalité tridimensionnelle.

Pour l'instant, tournez votre attention vers vous-mêmes, amis très chers, en union avec votre âme propre, recherchant l'équilibre de vos natures mentale et émotionnelle. Efforcez-vous de développer vos facultés créatrices, ravivant ces talents dissimulés et restés assoupis depuis si longtemps. Vous émergerez alors comme un être de plénitude dynamique, prêt à partager cette plénitude avec une personne, si tel est votre désir. Dorénavant le reflet de votre être nanti de pouvoirs, vous choisirez cet allié amoureux qui saura vous compléter et non vous diminuer. La synergie et la dynamique du couple permettront la naissance de miracles encore plus grands.

On vous réunit avec votre famille spirituelle et les diverses facettes de votre être. L'illusion de la séparation se diffuse et est appelée, dans les années à venir, à disparaître totalement. Placer vos espoirs, vos rêves et vos aspirations en l'autre, qu'il semble merveilleux ou idéal, revient à nier votre propre puissance, votre perfection potentielle. Il est impératif de reconnaître que vous êtes maîtres de façon inhérente, ni plus ni moins que les autres, égaux aux yeux du Créateur.

Le premier pas consiste à endosser la responsabilité de votre identité. Ensuite, n'accusez pas l'autre, homme ou femme, ni même le pouvoir en place, de vos déboires ou de vos faiblesses. Fusionnez et reconnaissez l'existence en vous d'attributs masculins et féminins, et mettez-les à contribution dans la création d'un être spirituel, merveilleux, parfaitement équilibré, autosuffisant et autonome, résidant dans un corps physique. Alors seulement pourrez-vous endosser le rôle que vous aviez accepté pour cette incarnation, celui d'un prolongement de Dieu/Déesse, Créateur balancé, aimant, nanti de pouvoir.

Nous, qui appartenons aux domaines supérieurs, sommes androgynes, monoïques, doués d'attributs à la fois masculins et féminins. Nous exprimons cependant la myriade de facettes appartenant à l'un ou l'autre. Bien sûr, nous avons certains penchants, mais ils ne contrecarrent nullement notre équilibre. Nous les employons comme des expressions d'énergie servant à accomplir notre travail. Parfois avec force et dynamisme, quand il s'agit de l'énergie du Père, et parfois en diffusant amour, sagesse et compassion, lorsqu'il s'agit des attributs créatifs de la Mère.

Le temps est venu, chers amis, d'abolir la division. Intégrez et harmonisez une fois pour toutes les polarités en vous et venez nous rejoindre. De grandes aventures nous attendent, de nouveaux mondes restent à créer.

Je Suis le seigneur Michaël.

# Au seuil de l'Âge d'or l'ascension entre en scène

Maîtres de Lumière bien-aimés, beaucoup éprouvent une multitude de sensations et d'émotions depuis cet événement profond que fut l'ouverture du portail ascensionnel du 12:12. Le passage par l'intermédiaire d'une initiation vers une fréquence élevée, ou l'épuration d'énergies bloquées, s'accompagne forcément d'une manifestation extérieure de joie, de félicité, ou d'un sentiment vertigineux – telle la perte de nos fondations – ou d'une sensation de vulnérabilité. L'épuration de ces énergies de votre corps et de votre champ aurique – désignons-les « cristaux sombres » faute d'une expression plus juste – est susceptible de laisser un vide, voire une sensation de perte. Après tout, vous avez vécu, chers amis, avec ces énergies négatives, sous leur influence, depuis des millénaires. Et, bien qu'elles n'aient pas procédé pas de la puissance de l'amour et de l'unité, elles personnifiaient toutefois ce à quoi vous étiez accoutumés, ce que vous croyiez être votre identité véritable.

Nous vous demandons d'être patients, tout au long de ce processus de transformation. Avec vos progrès, ce dernier deviendra plus aisé. Visualisez ces énergies s'élevant depuis le tréfonds de votre structure cellulaire et s'échappant de votre corps physique. Sous forme d'aimants attirant des amas noirs, des énergies négatives collées à la toile éthérique qui englobe votre corps, voyez-les se détachant de celle-ci. Observez-les maintenant se déplacer encore plus loin, pénétrant votre corps émotionnel et y rassemblant toutes les énergies déformées à l'intérieur de ce champ: sentiments de médiocrité, craintes, colère, stress, angoisse, etc. Toutes ces énergies qui vous maintiennent dans le déséquilibre et dans la souffrance. Ces « cristaux » s'éloignent et pénètrent le corps mental en absorbant vos pensées rigides, vos jugements, vos impulsions gouvernées par l'ego, tout ce qui vous scinde de l'Esprit. Lorsque vous sentez que vous en avez dégagé autant que vous le pouviez pour l'instant, visualisez ces énergies quittant votre corps mental. Enjoignez votre présence Je Suis d'émettre un immense faisceau de Lumière et d'assimiler ces cristaux sombres en pure substance lumineuse.

Visualisez maintenant de magnifiques cristaux lumineux puissamment dynamisés et irisés d'une multitude de tons plus particulièrement aux couleurs des cinq Rayons nouveaux. Ils ondoient en vagues depuis votre présence Je Suis et emplissent les zones laissées vides par l'épuration de ces cristaux sombres. Ceci confortera très rapidement votre quotient lumineux et facilitera l'actualisation de votre merveilleux corps de Lumière en vue de l'ascension.

L'ouverture au 12:12 du Portail vers la liberté a marqué la l'achèvement de l'ère des préparatifs et de la mise en place. Le scénario grandiose s'apprête à prendre place et les acteurs sont en scène – ceux d'entre vous qui ont eu le courage de se mettre de l'avant et de se prévaloir de leur rôle en prenant à nouveau l'engagement de répondre à l'appel de la plus haute destinée en ce Nouvel Âge. Ne vous trompez point : c'était là un temps d'initiation, mais il n'était pas nécessaire, pour y participer, de se trouver dans une vaste assemblée ni sur un site sacré. Plusieurs ont affirmé leur dévouement, dans une solitude silencieuse, ou encore en compagnie de quelques amis intimes ; certains autres encore timides et doutant de leur valeur ont même franchi le portail et reçu l'initiation durant leur sommeil. Votre Soi supérieur ne vous laissera pas tomber simplement parce que vous avez quelques doutes et êtes encore affublés d'aspects en déséquilibre. Il est encore temps d'épurer ces énergies et de les harmoniser. Et plus l'épuration sera hâtive et intégrale, plus faciles seront les temps à venir. Vous voyez, chers amis si précieux, nous sommes au coeur du processus ascensionnel et la puissance s'amoncelle. Des amas successifs de formes-pensées négatives sont à l'heure actuelle balayés de la conscience de l'humanité. La Lumière s'immisce en des lieux plongés depuis des millénaires dans l'obscurité, et les individus au pouvoir qui sont toujours immergés dans la mentalité tridimensionnelle verront leurs empires s'effondrer.

Attendez-vous à des douleurs de croissance, à des malaises, mais consentez à ce que votre Esprit veille sur vous et aplanisse la voie. Nous avons affirmé la venue de miracles ; l'enthousiasme augmente du fait qu'un nombre croissant d'entre vous se voit accorder des dons miraculeux et un secours assidu. Les rétributions qui seront vôtres, vous les avez dûment gagnées : *vous avez affirmé et cru, et vous verrez maintenant les fruits qu'ont réalisés dans votre vie personnelle et dans le monde votre foi et votre dévouement.*

Beaucoup d'entre vous atteignent rapidement un état de conscience supérieur. Ce qui vous paraissait prépondérant hier a aujourd'hui perdu son sens, sa validité. À mesure que vous délaissez vos anciennes relations, le boulot et les habitudes qui vous sont inutiles, vous serez dirigés presque miraculeusement vers les membres de votre famille de Lumière. Plusieurs ressentiront le besoin urgent de migrer, non par peur, mais mus par un sentiment d'anticipation, d'exaltation. Vous serez attirés loin des grands centres urbains, vers des régions peu peuplées et des lieux d'une pureté primordiale. Une quantité immense d'énergie sera dirigée vers ces contrées éloignées, sauvages, et leur fréquence diffusera un appel que vous entendrez. Vous serez sereins et vous sentirez enfin « à la maison ». Là, vous bâtirez les prototypes nouveaux de communautés du Nouvel Âge. Là, vous ajouterez les harmoniques de votre âme, et d'autres, présentant une affinité vibratoire, y seront également attirés. Vous n'êtes plus ceux ou celles que vous étiez il y a un an, et d'ici les prochaines années, les changements au sein de l'humanité paraîtront encore plus draconiens. Vous voyez, l'événement du 12:12, en 1994, constituait un appel. Vous seuls avez déterminé votre rôle dans le schème de l'ascension – la façon dont vous allez servir, si vous-mêmes serez de service, ou si vous perpétuerez votre état de victime dans cette tragédie de la réalité illusoire tridimensionnelle.

Vous êtes tous destinés à prendre part au processus ascensionnel, mais quel moment, chers amis, choisirez-vous comme vôtre ? La fenêtre d'opportunité est grande ouverte et la marche est entamée. Les rangs se forment, en attendant de monter l'escalier, sur la route des étoiles. Un merveilleux scénario est sur le point de se déployer. Quel sera votre rôle ? Un costume somptueux vous attend, amis très chers, un vêtement de Lumière et le rôle d'un Maître ascensionné. Levez-vous et revendiquez-les !

Nous espérons votre décision, amis bien-aimés, car vous seuls êtes en mesure de déterminer votre destinée. Je Suis l'Archange Michaël et vous offre ces vérités.

# Encouragement et réconfort pour la traversée des bouleversements à venir

Maîtres de Lumière bien-aimés, éprouvez la vérité de mes paroles par sa résonance en votre chakra du coeur et émanez une vibration d'amour et d'espoir dans la totalité de votre être. Je m'adresse à chacun d'entre vous et vous demande de porter attention, compte tenu de la nature critique de l'époque à venir, des maintes émotions conflictuelles qui vous tourmenteront et du tourbillon d'événements qui surviendront aux plans personnel et mondial. Je viens vous offrir l'assurance que depuis la perspective des royaumes supérieurs, l'ordre cosmique des événements procède à un rythme approprié. Nous nous réjouissons de l'épanouissement de l'Esprit au sein de l'humanité.

L'heure n'est plus à la pusillanimité ni à la défaillance de l'Esprit. L'heure est à la clarté et à la concentration, après le renouvellement de votre engagement et la reconfirmation de votre mission. La clarté, chers amis, clarté d'action, clarté de coeur et d'esprit. Nous le soulignons, car c'est là d'une importance primordiale en cette époque où vous posez le tremplin pour l'essor vers les dimensions d'une réalité nouvelle.

Plus encore qu'auparavant, nous vous enjoignons de surveiller vos pensées, de maîtriser vos émotions, d'évaluer soigneusement les situations que vous provoquez dans votre vie et l'effet que vous avez sur votre entourage. L'hésitation, le doute, la peur ou la négativité ne servent qu'à vous restreindre, qu'à vous tenir captif d'une réalité désuète. À l'heure actuelle, plusieurs hésitent quant au plan à suivre ; ils sentent que la voie n'est pas encore dégagée et ils ont peur de commettre une erreur. Je vous assure cependant, audacieux guerriers, que vous n'avez qu'à vous tourner vers l'intérieur, qu'à écouter les intuitions qui vous indiqueront la voie. Ne vous souciez pas d'être détournés de la vérité, ou trompés, comme vous l'avez été jadis. Nous n'avons pas parcouru tout ce chemin et ne sommes pas si prêts maintenant de la victoire pour vous laisser tomber et vous laisser seuls terminer le périple. Chacun, outre le fait de s'être réconcilié avec son âme, est entouré de bienveillantes sentinelles assignées à lui seul. Par votre dévotion et votre action juste, vous vous êtes acquis le droit à cette égide. Vous cheminerez désormais en compagnie des troupes angéliques, en plus de vos guides et sentinelles personnels.

Commencez à l'instant même à vivre comme si c'était votre dernier jour dans le monde physique. Amorcez le largage des vieux bagages appartenant au monde tridimensionnel : biens, relations, idées et philosophies obsolètes, contraintes émotives et mentales, pour devenir ainsi un canal limpide, réceptif à l'infusion d'une énergie affinée, magnifiée, et d'une sagesse poussée qui envahit actuellement votre Terre.

Faites la paix avec le monde, cherchez le pardon et conciliez les questions ou les déséquilibres qui vous retiennent. Simplifiez, redéfinissez votre monde. Ne vous impliquez plus dans des activités qui ne visent pas le plus grand bien de tous. Une fois engagé dans la poursuite d'un dessein suprême, un nombre étonnant de gens, de questions et de problèmes disparaîtront tout simplement.

Soyez un observateur silencieux, un exclu du dialogue insignifiant qui sert de mode de communication courant. Parlez en usant de sagesse et de discernement pour qu'ainsi vos paroles soient signifiantes et influentes. Ceux et celles qui vous entourent prêteront l'oreille et suivront vos conseils. Passez tranquillement vos jours et vos nuits dans la certitude que tout est parfait et exactement comme ce doit l'être. Recherchez la sérénité en votre âme, sachant que rien d'autre que l'amour du Créateur, par l'entremise de votre chère présence Je Suis, ne peut vous toucher.

D'aucuns se sentent toujours sous l'influence résiduelle de questions en voie de se régler. Maîtres bien-aimés, je vous conseille d'endosser votre armure, votre aura d'amour et de paix, sachant que la solution ne saurait tarder. Il ne sera pas exigé que vous renonciez à quoi que ce soit qui ne correspondrait pas à votre plus grand bien et qui ne serait pas éventuellement remplacé par des dons d'une valeur incommensurable. Peu importe qu'il s'agisse de biens matériels ou de « mal-aises » quelconques, délaissez-les, chers amis, s'ils s'opposent à votre conscience nouvelle. En tant que maîtres, vous renoncerez allègrement aux attitudes désuètes, infantiles, et endosserez le manteau de la sagesse et de la compassion.

Le temps est venu de raffiner, de parfaire le véhicule physique et son environnement, tout en implantant fermement la lucidité spirituelle en vos corps émotionnel et mental, de sorte qu'émergent l'expérience d'un vous nouveau ainsi que la race de l'Esprit nantie de pouvoirs, illuminée, que vous formerez.

Il est aussi tout à fait vital de prendre conscience que vous êtes une source énergétique dynamisée, pulsant et vibrant, et que vos formes-pensées émises à tout moment du jour ou de la nuit ont des répercussions importantes sur votre entourage, votre environnement et principalement sur vous-mêmes. Soyez donc vigilants, amis très chers, à l'égard de vos pensées, de vos paroles et de vos actions. Choisissez la voie médiane, celle de l'équilibre, et le non-jugement, comme si votre vie en dépendait, car tel est le cas. Les lames acérées de la bigoterie, du jugement, de la peur et de la négativité tranchent assurément et avec précision, sans rater leur but, ni vous d'ailleurs, au retour.

Jour et nuit, enveloppez-vous de la Lumière blanche et dorée de la conscience christique, votre cape d'immunité magnétique, pour qu'ainsi aucune poussière de négativité, d'où qu'elle provienne, ne puisse pénétrer votre champ aurique et provoquer un déséquilibre. Imaginez un faisceau brillant de Lumière bleue, éclatante, pénétrant votre chakra coronal et imprégnant votre corps entier, puis descendant vers le centre de votre Terre-mère. Voici le présent que je vous accorde, le Glaive de Volonté, de

Dessein, de Vérité, de Valeur, dont le manche est amarré en votre chakra du coeur, irradiant l'énergie d'amour/sagesse de la Déesse.

Vivez dans la certitude qu'une fois de plus, vous avez conquis l'ignorance, la restriction, la contrainte, et que chaque jour vous rapproche de ce moment tant attendu lorsque le voile de l'illusion se soulèvera encore et que jaillira la clarté. Cette source bienveillante d'énergie, votre présence Je Suis dont vous faites partie intégrante, vous vous en souviendrez avec plaisir et vous sentirez unifié à elle. Vous demeurerez distinct seulement dans la mesure où vous êtes unique, et c'est cette particularité qui est votre don à l'ensemble, ce pour quoi ont vous a envoyé faire cette expérience il y a de cela des éons. N'ayez crainte de perdre votre individualité, car c'est là le trésor que vous recherchiez. Voilà pourquoi nous vous enjoignons de ne pas vous juger par rapport à autrui ou d'après un critère quelconque. Vous êtes unique en votre genre, vital à la totalité de la Création. Pour cela, nous vous chérissons.

Ainsi, amis bien-aimés, en cette année de défis et de transition, relevez les opportunités de plain-pied, sachant pertinemment que vous êtes à portée du but. Plus jamais, n'aurez-vous à retracer cette route, car vous quittez l'ancien monde et ses lois restrictives et privatives. L'Âge d'or à votre porte n'est pas une chimère, un rêve flou. C'est une réalité sur le point de se concrétiser.

Entendez nos paroles d'encouragement dans vos rêves, ressentez notre soutien bienveillant circuler dans vos veines et, durant vos minutes de tranquillité, écoutez le murmure de nos voix, car nous vous appelons.

Allez en paix, avec optimisme, amis consacrés ; votre heure a sonné. Moi, l'Archange Michaël, toujours à proximité pour vous guider, vous protéger, vous offre ces vérités afin de vous élever et de vous soutenir. L'AMOUR DU CRÉATEUR ET DE LA CRÉATION ENTIÈRE VOUS ACCOMPAGNE. Il en est ainsi !

# Un événement d'envergure où votre succès est assuré

Maîtres de Lumière bien-aimés, sentez-vous l'excitation monter, l'anticipation amplifier, de jour en jour ? Vous sentez-vous tout de même distants, isolés, comme si toutes ces choses qui occupaient le centre de votre attention ces dernières années avaient soudainement perdu leur sens ou leur validité ? Avez-vous de la difficulté à vous concentrer sur les activités et les détails mondains de votre quotidien, ou à être attentifs aux conversations ? Votre réalité s'altère et vous faites l'expérience d'une certaine distorsion, d'un vague malaise, en vous ajustant aux énergies des fréquences appartenant aux domaines supérieurs auxquelles vous avez commencé à accéder.

Plusieurs ont intégré nombre de ces créations extérieures qui ont causé tant de problèmes ; vos rapports humains sont empreints d'une signification plus profonde et d'un amour accru ; vous en êtes venus à vous prévaloir de votre droit à l'abondance et à un afflux constant d'énergie manifestée sous forme de biens matériels essentiels à votre confort et à votre quotidien. Votre créativité s'apprête à fleurir et à adopter une nouvelle dimension, et votre santé s'améliore. Pourquoi donc dites-vous être perturbés par des sentiments d'angoisse, de perte, de colère, de solitude, de frustration qui semblent jaillir du tréfonds de votre être ?

Plus chacun s'élève sur cette noble spirale qu'est l'ascension, par le processus initiatique, plus les énergies se raffinent et plus subtiles deviennent les épreuves, ou les déséquilibres. Vous avez émis des formes-pensées d'amour, de paix et d'harmonie qui se manifestent maintenant dans votre entourage immédiat, mais vous avez toujours des résidus de cellules-mémoire imparfaites dans votre corps que ramène à la surface la Lumière que vous avez invoquée – une Lumière où baignent vos corps physique, mental et émotionnel – et dont vous prenez de plus en plus conscience. Ces cellules-mémoire sont en circulation libre. Faute d'être totalement dégagées, elles se logeront dans d'autres régions du corps, là où vous êtes le plus vulnérable : au plexus solaire, provoquant de l'anxiété et des réactions émotives anciennes ; dans les chakras inférieurs, animant des souvenirs instinctifs de survie et de peur, ou encore des déséquilibres des polarités féminine et masculine, engendrant des sentiments de médiocrité, ou des doutes vis-à-vis des sensations de puissance et de sensibilité que vous croyiez avoir intégrées.

Beaucoup souffrent en plusieurs points de leur corps et manifestent même des symptômes dans certains organes, sans que les médecins puissent découvrir ce qui cloche. Est-ce si surprenant, chers amis ? Vos instruments diagnostiques allopathiques ne peuvent évaluer ni enregistrer ce qui ne va pas. Il est toutefois avantageux d'éliminer toute preuve de maladie physique pour avoir l'esprit tranquille de façon à reconnaître la cause véritable de votre malaise.

Amis bien-aimés, vous êtes en mutation ! Vous êtes au cœur d'un processus de transformation intense se déroulant rapidement. Des déséquilibres imprimés dans votre corps éthérique depuis des millénaires s'harmonisent aujourd'hui. Des énergies négatives bloquées et des encodages vous ont gardées captifs et n'opérant qu'à une fraction de vos capacités. À l'heure actuelle, ils sont en voie d'être libérés ou reprogrammés. Durant cette époque de transition, il est donc normal de se sentir pour le moins déphasé. Vous avez épuré une importante portion de l'illusion et de l'éclat fallacieux des troisième et quatrième dimensions, qui s'étaient manifestés dans votre monde extérieur. Ce que vous n'avez pas constaté, c'est l'effet de tout cela sur votre monde intérieur, particulièrement sur votre corps.

La raison pour laquelle nous souhaitons vous amener à en prendre conscience, c'est tout d'abord pour apaiser enfin votre inquiétude et pour vous aider ensuite à traverser cette époque d'assimilation interne aussi rapidement et aisément que possible. Plus que jamais, il est primordial d'écouter votre corps, de puiser dans chaque aspect de votre être et de les surveiller. Vous avez finalement pris conscience qu'il est possible de communiquer avec des êtres des royaumes invisibles, mais vous croyez toujours ne pas pouvoir communiquer avec votre propre corps. Écoutez votre être physique, immiscez-vous intuitivement dans divers organes et parties du corps, et entamez un dialogue. Vous ferez des découvertes stupéfiantes et constaterez une réaction enthousiaste de la part du corps, qui fournira de lui-même des informations à votre conscience en vue de vous transformer depuis l'intérieur.

Vous n'êtes pas encore très à l'aise avec votre conscience nouvelle, avec cette réalité autre, et avec le fait de vous promener ainsi dans un mouvement de va-et-vient d'une fréquence dimensionnelle à une autre. Vous êtes en ascension, chers amis, au cœur du processus. La plupart ont déjà quitté la troisième dimension pour vivre davantage l'expression de la quatrième densité. D'une part, vous agissez à partir d'une perspective selon laquelle vous percevez ces réalités inférieures un peu comme à travers un brouillard, un état onirique, où vous êtes conscients de ces réalités sans, toutefois, qu'elles ne vous touchent davantage. Et d'autre part, vous accédez aux domaines supérieurs, mais vous n'y êtes pas encore complètement ajustés, ni ne pouvez encore saisir la véracité de cette expérience. Ceci est tout à fait normal, car aucune démarcation claire ne sépare les dimensions. Il y a plutôt une transition graduelle et une interpénétration entre celles-ci. Vous voyez ?

Votre ego s'ajuste de même à son rôle nouveau de serviteur du Soi supérieur, sans toutefois renoncer à son emprise sur vous sans une lutte acharnée. Auparavant, il murmurait à votre oreille que vous aviez besoin de richesses, de pouvoir, de beauté et que pour être digne de recevoir, il fallait rechercher l'amour et la confirmation à l'extérieur de vous. Il adopte désormais une autre tactique : à mesure que vous acceptez votre valeur et votre nature divine, un fragment béni du Créateur, il vous chuchote: « Qu'est-ce qui te laisse croire que tu es si formidable ? Comment une personne insignifiante comme toi peut-elle être douée de cette majestueuse conscience christique ? Comment peux-tu représenter la Hiérarchie, ou un Maître ? Qu'est-ce qui te fait penser que tu es digne de l'ascension ? » Et ainsi de suite, dans l'espoir de retrouver sa position prédominante dans votre conscience.

N'en voulez pas à ce pauvre ego ; il ne cherche que sa place dans votre nouvelle réalité. Refusez doucement les murmures et les pensées négatives, en affirmant comme Jésus, notre frère bien-aimé, lors de son séjour au désert en préparation à sa mission et à son ascension : « *Vade retro, Satana.* ». [Arrière Satan.] C'était en réalité son ego, car seul celui-ci permet aux pensées négatives de s'immiscer. Au fil de ce processus critique de transition, chérissez, soignez et honorez chaque aspect de votre être.

Pour le moment, ne prenez pas de décision majeure, amis très chers. Vous vous trouvez tous dans un intermède au cœur de ce processus initiatique intense. Plusieurs se demandent où ils doivent aller, ce qu'ils doivent faire. Bientôt, vous saurez, et les requêtes et les doutes seront dissipés. Vous saurez exactement ce que vous aurez à faire ou si vous aurez à migrer, à mesure que les visions de l'avenir vous seront révélées. Passez les prochains mois à solutionner ces questions et ces situations qui exigent votre attention. Voilà bien un processus tout à fait séculier, une période de réclusion et d'introspection. Certains se sont retirés de leur groupe, ressentant un besoin de solitude. Suivez ces impulsions, car elles sont authentiques. Le processus d'ascension, bien qu'étant un événement collectif, constitue également une démarche très privée et personnelle.

Nul autre ne possède une histoire semblable à la vôtre. Personne n'a une destinée similaire et personne ne peut non plus réaliser votre mission à votre place. Vous êtes une création unique – en un seul exemplaire.

Suivez les incitations de votre cœur, amis bien-aimés, écoutez votre âme comme jamais vous ne l'avez écoutée jusqu'ici. Abreuvez-vous aux canaux télépathiques cosmiques pour être ainsi au courant de l'information miraculeuse diffusée actuellement.

Depuis la source suprême de l'univers et de votre galaxie, se filtre vers vous une sagesse millénaire pertinente au cosmos, un savoir concernant l'Âge d'or. Ces données pénètrent, imprègnent votre système solaire et votre planète. Ceux d'entre vous qui sont aptes à accéder à ces fréquences et encodages divins en récolteront très bientôt les bienfaits.

Si vous considérez que vos progrès sont insignifiants, contemplez celui ou celle que vous étiez il y a quelques années à peine ; vous constaterez la sidérante transformation. Ce n'est pourtant que le début. De l'être rayonnant, miraculeux, que vous êtes destiné à devenir, vous n'êtes encore que la silhouette. Nous le savons, car nous avons entrevu votre avenir.

De jour en jour, un nombre croissant d'âmes merveilleuses s'éveillent de leur léthargie. Vous, de l'avant-garde, Éclaireurs de la voie, avez déjà dissipé plusieurs obstacles, et votre tâche vous attend, clairement définie. Vos frères et soeurs spirituels auront besoin de vos conseils, de vos soins, de votre pouvoir de guérison et de vos instructions. Ils n'auront pas à traverser le territoire inexploré que vous avez franchi avec foi et espoir, car vous avez ancré la Lumière, canalisé des vérités profondes. Vous avez ainsi élargi la vision pour chaque être et provoqué une conscience du rôle de l'humanité en tant que partie intégrante de cet univers.

L'enthousiasme et l'espoir naissent dans le corps éthérique de la Terre et dans le subconscient de l'humanité. Heureusement d'ailleurs, car le temps de l'éveil sublime est là. Nous anticipons avec plaisir vos progrès car, après tout, l'expérience prodigieuse pour laquelle vous étiez volontaires et justifiant l'existence de la Terre ne connaîtra pas l'échec. Vous êtes un retentissant succès, amis bien-aimés, et votre mission s'achève. Je vous quitte, revêtu de la toile diffuse d'une aura illuminée d'amour provenant du Dieu et de la Déesse, et de leurs émissaires. Je Suis le seigneur Michaël.

# L'entrée sous la coupe de la Trinité

Maîtres de Lumière bien-aimés, dans cette saga d'évolution et d'ascension, un grand événement tire à sa fin et une autre étape est atteinte. Plusieurs ne sont pas conscients des changements d'envergure qui prennent place à chaque instant dans cet univers, particulièrement sur votre Terre. Le concept de la Trinité vous est familier, malgré maintes interprétations fallacieuses de ce concept. Vous, qui êtes à l'avant-garde de ce processus transformationnel, faites l'expérience de multiples strates de ce principe de trinité. Vous fusionnez corps, mental et Esprit ; vous conjuguez l'Âme et votre Soi supérieur avec votre présence Je Suis ; les aspects masculin/féminin/androgyne de votre être se réunissent. Graduellement, un mariage s'opère au cœur des troisième, quatrième et cinquième dimensions. Cependant, l'union prend place à mesure que les fréquences plus subtiles subjuguent les fréquences inférieures en s'y mêlant, en s'y harmonisant et en les élevant. Et plus important encore, vous accédez peu à peu à l'essence sacrée du Dieu et de la Déesse/Créateur et ancrez ces énergies omnipotentes sur Terre.

À l'instar de la convergence harmonique, de l'événement du 11:11 et de l'activation de l'ascension au moment du 12:12 et de maints autres événements mineurs, tels l'ouverture des portails stellaires, les ajustements et dégagements de vortex, etc., le festival de Wesak, célébré de par le monde du 12 au 15 mai 1995, fut un événement prépondérant. Le fait d'avoir ou non participé, physiquement ou mentalement, à ce dernier n'a aucune importance. Son effet sur chacun de vous n'en sera pas moins profond et durable. C'était là un autre de ces moments charnières marquant un changement de fréquence en vous, de même qu'à l'intérieur et à la surface de votre Terre. Une portion accrue des plans astraux inférieurs fut dégagée et le voile scindant les dimensions fut soulevé encore un peu, permettant un rapprochement des énergies raréfiées de l'astral supérieur (ou septième ciel, comme on le désigne parfois), vous en ouvrant ainsi l'accès.

Ceux qui purent absorber les infusions de fréquences élevées en bénéficieront grandement, bien qu'un certain temps soit nécessaire à l'intégration de ces énergies nouvelles et à leur actualisation dans votre réalité physique. Plusieurs, parmi ceux qui ont assisté à divers événements, sentent que rien de vraiment vital ou de bouleversant ne s'est encore produit. Sachez cependant qu'une guérison, qu'une activation cruciale de la Terre et de votre être ont pris place. Une modification vers le haut, ou vers l'avant, s'est effectuée à un degré plus ou moins grand à l'échelle de la planète et de l'humanité, suivant leurs capacités à recevoir l'infusion de Lumière christique, la pure essence du Créateur.

Nombre d'entre vous ont rejoint les rangs de ce que l'on nomme « Maîtres ascensionnés novices ». Il n'y a pas eu de lévitation collective des corps physiques s'envolant vers des royaumes invisibles. Par contre, une élévation massive de l'Esprit s'est produite en ceux-là mêmes qui ont pavé la voie par l'harmonisation et l'intégration des facettes de la Trinité, déliant ainsi les mailles de l'illusion qui séquestrent maintes âmes merveilleuses dans la réalité de densité physique. Vous entrez dans l'effet qu'on dit du « centième maître », alors que des âmes intrépides et dévouées franchissent le seuil intérieur de l'ascension, ouvrant la voie aux autres qui suivront – par l'intensification de l'énergie et de l'éveil de l'âme dans la conscience collective.

Certains espèrent encore échapper miraculeusement à l'effort nécessaire. Ils ont même secrètement désiré l'avènement des cataclysmes annoncés pour être ainsi sauvés et transportés vers les vaisseaux de Lumière. De ce fait, ils auraient été exonérés de toute participation ou responsabilité. Ils espèrent l'obtention de tous les dons de manifestation et de l'état de maître, sans nul besoin de discipline ou de l'effort du sacrifice exigé pour arriver à l'équilibre ou à un état de plénitude.

Une âme bien aimée a déjà comparé votre désir pour les pouvoirs de la manifestation au fait de permettre à un enfant l'accès à un interrupteur pouvant déclencher une bombe nucléaire. À ce sujet d'ailleurs, nous ne permettrons plus que ceux et celles qui opèrent suivant le mode avidité, angoisse ou intérêt personnel soient autorisés à déterminer la destinée de la Terre. Vous ne vous êtes pas rendu compte de l'imminence de l'anéantissement de votre planète et de ses habitants. Le pouvoir est retiré des mains de ceux qui suivent encore la mentalité tridimensionnelle. Il est remis entre les mains de la nouvelle Hiérarchie spirituelle et des Maîtres ascensionnés naissants, les dirigeants fraîchement émoulus de l'ère qui arrive : ceux qui sont à l'unisson avec l'Esprit, qui ont assimilé la sagesse et la compassion de leurs guides maîtres, de la présence Je Suis et qui ont entraperçu le plan divin pour le Nouvel Âge.

L'initiation au rang de maîtres s'accompagne de dons merveilleux mais aussi d'une lourde responsabilité. Nous devons être certains que vous êtes prêts à assumer le fardeau qui vous sera attribué – bien que nous tenterons de l'alléger. Votre Terre évolue à un rythme frénétique ; il faut vous y adapter, ou alors vous voir placés sur une autre voie. Réalités et fréquences se modifient de jour en jour. Beaucoup perçoivent désormais l'activité tridimensionnelle d'un point de vue où celle-ci n'a presque plus d'impact sur eux puisqu'ils percent l'illusion.

Ceci se perpétuera avec l'accès accru à votre corps de Lumière. Vous assimilerez davantage la magnificence de votre présence Je Suis, jusqu'à ce que vous perceviez votre monde sous un jour tout à fait nouveau.

Chers amis, ne vous comparez à personne et ne vous évaluez pas d'après quelque standard que ce soit. Jugez-vous seulement à partir de votre savoir intérieur et de votre intuition. Chacun de vous a un rôle intégral à jouer dans ce ballet de l'ascension. Plusieurs d'entre vous enseigneront à des groupes de débutants, car nombre d'humains s'éveillent et répondent aux incitations de l'insatisfaction qui agite leur âme et leur Esprit. Certains découvriront qu'il relève de votre mission de soulager le malaise et le traumatisme que subit le corps physique au cours de sa métamorphose en un véhicule sacré de Lumière. Plusieurs participeront à l'établissement du gouvernement du nouveau monde et concevront les communautés de l'avenir ; ils enseigneront aussi aux âmes magnifiques qui naîtront, et à d'autres qui atteignent aujourd'hui l'adolescence et le début de l'âge adulte. Mais ce qui reste primordial pour vous, c'est de rester à l'écoute de l'Esprit à chaque instant, en vivant et en agissant en parfaite harmonie avec le schème divin encodé en vous. De ceci découleront joie et amour constants, en tout lieu et dans toute action. Lorsque vous pourrez accomplir une telle chose, le pouvoir magique de la manifestation vous sera accordé dans sa pleine mesure.

Ceux d'entre vous qui ont intégré la compagnie raréfiée des Maîtres savent qui ils sont, mais en tant que Maître ascensionné, il faut veiller à la discrétion. Vous agirez et parlerez avec douceur, mais vous serez nimbé d'une puissante aura de sérénité, d'autorité, de pouvoir. Vous vivrez dans une joyeuse anticipation, accomplissant toute tâche avec enthousiasme.

Il est temps d'exprimer la joie, chers amis. Tant de gens se prennent trop au sérieux. Le Créateur apprécie le rire, l'allégresse, la spontanéité. La liesse est à l'ordre du jour, souvenez-vous : anticipation joviale, échanges heureux et bienveillants, perception candide. Et un dévouement inébranlable à l'établissement du Paradis sur Terre, qui créera une attitude nouvelle de coexistence pacifique où régneront opulence et harmonie.

Renoncez à ce besoin de confirmation venant de l'extérieur ; c'est là une attitude périmée. Autrefois, vos rapports, les situations et les enseignements reflétaient votre réalité. Ce mode de perception est désormais révolu. Tournez-vous plutôt vers l'intérieur, là où réside votre âme. Pour quelques-uns, la divine présence Je Suis devient partie intégrante de leur conscience. Découvrez vos vérités par le biais de l'intuition opérant à travers votre être et par vos échanges télépathiques avec les Maîtres et vos enseignants. Des êtres galactiques et universels d'une nature prodigieuse sont actuellement à la disposition de ceux et celles qui ont ouvert la voie et qui acceptent les dons offerts. Les « cercles fermés », où l'information n'était offerte qu'à certains, n'existent plus. Vous avez à votre portée la sagesse et le pouvoir gardés secrets depuis des millénaires. Mettez vos cœurs et vos esprits de l'avant, amis très chers, laissez s'envoler votre âme et osez rêver un monde d'une perfection inconcevable. Ce ne sera jamais que l'ombre d'une réalité glorieuse qui se prépare à descendre sur Terre depuis les domaines supérieurs. Je Suis le seigneur Michaël.

# L'époque préparatoire est révolue. Il est temps d'agir !

Maîtres de Lumière bien-aimés, à la suite de l'année qui vient de s'écouler, penchons-nous ensemble sur ce qui a eu lieu. Bien que la météo ait connu des extrêmes et des imprévus, les frémissements et tremblements de votre Terre se sont quelque peu apaisés. Les mouvements météorologiques sont symptomatiques du tourbillon d'énergie émotif émanant de l'humanité – de façon beaucoup plus dramatique dans certaines régions. Ces fluctuations sont capturées par des courants aériens et amplifiés dans l'atmosphère. Les gouvernements de par le monde s'empressent de maintenir le contrôle des populations, ce qui engendre encore davantage d'insatisfaction et de chaos.

Immergé dans la densité tridimensionnelle, chacun se demande pourquoi les anciennes formes d'activité ne procurent plus de joie ou de satisfaction. Au travail, tout s'embrouille, on se sent impuissant et la sécurité d'emploi n'est plus assurée ; le plaisir d'acquérir des biens ou de triompher au cours d'une lutte pour le pouvoir n'apporte plus le même sentiment de supériorité ou de satisfaction que jadis. Les lois et réglementations sont remises en question sur tous les plans, évaluées, puis des changements sont exigés. La famille est désemparée et ne sait plus comment retrouver son unité, sa stabilité et sa continuité.

Ces êtres chers s'accrochent à tout prix à de vieilles illusions qui s'étiolent, s'estompent sous leur nez. Leur monde et leurs perceptions semblent se détériorer chaque jour, et ils luttent afin de retenir le peu qu'il leur reste et de maintenir pour le moins l'apparence d'un ordre établi, d'un équilibre. Par ailleurs, ceux d'entre vous qui se laissent couler avec l'Esprit et qui se sont efforcés d'harmoniser leur véhicule physique avec les fréquences nouvelles, ceux-là découvrent une paix et une douceur toutes fraîches dans leur monde. Il vous reste encore des épreuves, mais vous avez acquis une lucidité plus acérée qui vous permet de résoudre rapidement toute situation dissonante, avec un minimum de heurts.

Nous avons mentionné l'éloignement grandissant entre les plans d'existence, le schisme marqué entre la réalité des êtres lumineux sur cette Terre et celle des masses plongées dans l'ignorance. Vos voisins et vous vivez peut-être à quelques mètres de distance ; pourtant chacun fait l'expérience de deux mondes différents.

Nombre de ceux qui ont traversé les processus initiatiques et de purification apprennent, par le biais de murmures, d'impulsions ou d'informations canalisées, qu'il est temps de sortir de leur réclusion, de leurs sanctuaires. C'est là la prochaine étape, Maîtres bien-aimés. Vous avez maintenant une vision claire de la trame des événements. Vous devinez les subtilités des situations dans le monde, vous voyez clair dans les tentatives de dissimulation et décelez les distorsions de la vérité dont on alimente les masses. En d'autres termes, vous n'êtes désormais plus sous l'influence des détenteurs du pouvoir dans le monde tridimensionnel.

Vous êtes désormais sous l'égide et la direction d'une autorité supérieure. À l'avenir, vous agirez sous la direction de la Hiérarchie spirituelle, du Logos planétaire, de Sanat Kumara et d'autorités encore plus élevées. Ceux d'entre vous qui sont prêts à endosser la cape du pouvoir sont présentement formés en vue de se disséminer parmi la population. Telle est la raison de tous ces mois de purification et d'évaluation visant à mesurer votre résistance devant la pression de l'humanité qui s'éveille.

Quelques-uns, assez pressés de partager les nouvelles vérités et leur compréhension, souffrent tout de même d'une certaine naïveté. En effet, ils croient que ce qu'ils représentent ou ce qu'ils ont à partager sera accueilli avec grand intérêt, sans aucune résistance ni aucun ressentiment. Il en sera souvent ainsi, mais sachez que vous devrez être prêts aussi à affronter la haine, la peur, le jugement, la réticence et la persécution. Par contre, si vous vous maintenez dans votre centre de pouvoir, au sein de la protection de votre présence divine, et ne succombez nullement aux énergies négatives qui vous assailliront, alors vous demeurerez indemnes et l'emporterez. Voilà qui fera apparaître clairement l'abîme qui vous sépare des fréquences inférieures. Ce avec quoi vous n'êtes pas en résonance ne peut vous toucher, ne le voyez-vous pas ?

Ceux d'entre vous qui ne se sentent pas aptes à servir d'Éclaireurs de la voie, ou de guides vers la nouvelle conscience, peuvent aussi bénéficier de ce message. Surveillez la manière dont vous vous tirez des petits conflits quotidiens. Peu importe la frustration ou le sentiment d'impuissance que provoque une situation, celle-ci peut se transformer par le seul fait de modifier votre attitude et de faire appel à vos merveilleux et loyaux guides et à vos enseignants.

Avec l'escalade de votre monde vers un octave supérieur, le temps s'accélère. La sensation de perte de stabilité est due en partie à cette accélération du temps. L'évolution de l'humanité se précipite également, vous ne semblez plus à l'aise avec vos corps, dont vous ne comprenez plus le fonctionnement ni leur réaction devant divers stimuli. Vous éprouvez une sensibilité accrue à des substances que vous n'aviez jamais même remarquées auparavant. Vous observez en vous maintes sensations nouvelles. Nous l'avons répété à plusieurs reprises : vous êtes en MUTATION.

Ce qui nous amène à aborder la question des enfants – ces petits êtres si précieux. Depuis peu, plusieurs personnes, particulièrement des parents, des grands-parents et des enseignants, s'inquiètent du sort des enfants dans le monde. Ils savent que rien ne va plus, mais sans pouvoir en déterminer exactement la cause et ce qui se passe. Les tout-petits nés à partir des années 70 sont exceptionnels, différents, doués de qualités inconcevables. Beaucoup font partie du type d'humains nouveaux, d'une implantation hâtive de la race *méruvienne* à venir ; leur nombre compte des âmes évoluées, sages, provenant de civilisations lointaines. De la même manière, un grand nombre d'entre vous êtes venus en tant que représentants de sociétés éloignées afin de participer et d'influencer cette grande expérience sur Terre. Cette implantation est récente, une infusion fraîche de l'Esprit sur Terre. Vous, en tant qu'avant-garde, avez apporté et ancré la divine présence Je Suis sur Terre. Mais depuis, ces petites merveilles apportent à leur tour une sagesse et une connaissance si avancées, si étranges, qu'il ne vous est pas encore possible de les comprendre.

Pour concevoir tout ceci dans une perspective juste, imaginez l'état de votre monde tel qu'il se trouvait il y a deux mille ans et la façon dont une personne, ramenée de cette époque, percevrait le monde d'aujourd'hui. Cet exemple illustre l'ampleur des bouleversements à venir d'ici les vingt prochaines années.

Les enfants d'aujourd'hui requièrent une série nouvelle de règles et de normes, des soins et un traitement différents. Ils sont plus sensibles, plus près de l'Esprit. Le voile qui sépare les dimensions s'atténue et ces jeunes sont doués d'aptitudes fonctionnelles qui étaient latentes en vous depuis des millénaires. Des aptitudes que vous avez eu à développer, à raffiner. Certains attributs leur viendront naturellement et leur sembleront normaux. N'étouffez pas leur sensibilité, leur créativité, leur conscience spirituelle. Enseignez-leur l'équilibre parfait des pôles féminin et masculin et laissez libre cours à leur androgynie. Plusieurs de ces enfants miraculeux seront ambidextres, doués de facultés à multiples facettes et de talents inimaginables. Il suffira d'en prendre soin et de permettre l'essor de leur esprit. Constatez en effet que la tête de nombre de ces bébés dépasse la norme quant à sa grosseur et présente une légère élongation. Leur cerveau est plus volumineux, tout comme c'était le cas des Lémuriens et des Atlantes. La mutation de ces petits est cependant beaucoup plus importante.

Votre système éducatif doit être remanié du tout au tout. Plusieurs l'ont revendiqué depuis longtemps, mais il n'y a plus de temps à perdre. Les écoles ne servent plus les enfants, mais bien plutôt à soutenir la bureaucratie et le système suranné en totale déconfiture. Un grand nombre d'artisans de la Lumière extrêmement qualifiés souhaitent ardemment enseigner et infuser une vie, une vérité, au système scolaire, sans toutefois avoir le courage de le défier. Certains ont été écartés en raison de leur radicalisme, de leur non-conformisme. Ceci change également rapidement, mes amis bien-aimés.

L'heure n'est pas à la faiblesse ni à la timidité ; il est temps de proclamer votre vérité, de prendre position. L'heure est à l'affirmation bienveillante, en vivant votre intégrité spirituelle ; l'heure est à l'implication active. Vous pouvez modifier les choses ; le flot de l'ignorance, de la restriction, de la contrainte peut être renversé par des vagues d'amour et de sagesse.

Nous demandons à tous ceux et celles qui sentent l'Esprit frémir en eux de commencer là où ils se trouvent. Employez la connaissance et la sagesse issues de vos propres tribulations, de vos propres épreuves afin de seconder les autres, de faciliter la route à la population qui s'éveille. De prêter assistance dans la modulation quotidienne de leur conscience menant à des transformations évolutives significatives. Chacun de vous peut contribuer à quelque chose ou le partager. Le reste de cette année servira de terrain d'essai pour évaluer la manière dont vous vous en tirez avec les défis et les opportunités qui s'offrent à vous. Votre réussite devant chaque obstacle vous apportera davantage de pouvoir, de sagesse, de dons. C'est là la voie d'un maître, voyez-vous : étape par étape, niveau après niveau, la compréhension s'approfondissant, conquérant tout par la victoire sur les contraintes de la troisième dimension.

Chaque jour, chaque pas, vous rapproche de la victoire. Vous faites une différence, par votre foi d'abord, puis par l'ancrage de la Lumière et par votre soumission à la volonté du plan divin. Le moment est venu de faire usage de la force et de la sagesse accumulées en tant que Maître de la cocréation. Nombreux sont ceux qui sont sous la protection de Maîtres ascensionnés, servant de représentants physiques à ces êtres prodigieux. Employez vos pouvoirs et vos facultés avec discernement et avec compassion, chers amis, et liés par un objectif commun, nous avancerons ensemble vers l'achèvement de notre mission. Je vous abrite sous mon égide bienveillante. Je Suis le seigneur Michaël.

# Ambassadeurs divins du Créateur

Maîtres de Lumière bien-aimés, permettez-moi, si vous le voulez bien, de vous aider à ajuster vos aptitudes nouvelles et vos facultés de perceptions supérieures. Il faut désormais fonctionner comme le maître en devenir que vous êtes déjà, employer vos sens internes en plus de vos cinq sens externes. Plutôt que d'écouter votre esprit conscient et votre ouïe physique, entendez de préférence la résonance des paroles que vous prononcez et qui vous sont adressées. Sentez le sens sous-jacent à chaque échange avec autrui et ajustez-vous aux fréquences vibratoires émises. Imaginez que vous êtes un non-voyant et un non-entendant et laissez votre perception extrasensorielle prédominer. Lorsque vous entrez en contact avec le champ aurique d'une personne, sentez-vous une élévation spirituelle, un apaisement, ou avez-vous envie de fuir sa présence ? Faites l'inventaire de vos relations amicales et intimes, prenez conscience de ceux qui sont en affinité harmonique avec vous et examinez vos sentiments à l'égard de ceux qui vous drainent vos énergies ou vous déséquilibrent. Peut-être aurez-vous à ériger une frontière lumineuse bienveillante entre vous et les individus déphasés par rapport à vous, afin de retrouver l'équilibre et d'harmoniser les énergies entre vous. N'hésitez pas à remettre toute cette énergie dissonante à votre présence Je Suis en vue de la transmuter et de l'harmoniser ; faites également la requête d'une résolution « pour le plus grand bien de tous ». Une intention bienveillante centrée sur l'âme mènera toujours à la meilleure solution.

Chaque rencontre, chaque situation sur la voie vers la conscience supérieure comporte un message qui vous est adressé. Peut-être est-il très subtil, mais c'est là le jeu de votre Soi supérieur, qui vous présente divers scénarios de façon à ce que vous puissiez réévaluer vos anciens paradigmes, vos structures de valeurs antérieures et éliminer ce qui désormais ne vous est plus utile. On exige que vous adoptiez un point de vue plus vaste, un centre d'attention élargi. Mettez en pratique cette vue panoramique de votre monde et de vos rapports au lieu de vous attacher uniquement à votre petite histoire, à votre petit moi, car ceci constitue le syndrome de l'expérience tridimensionnelle.

Devenez une méditation vivante où vous êtes constamment à l'écoute des impulsions et de la direction qui émanent de votre Soi supérieur ou de votre présence divine. Imaginez cet être miraculeux, vaste – que vous êtes réellement – perché sur votre épaule au cours des tâches ordinaires qui jalonnent vos journées. Vos actions, vos paroles et vos pensées seraient-elles ce qu'elles sont maintenant ? Ressentez désormais cette sensation « d'être à l'unisson avec l'Esprit ». Rien ne perturbe vos sentiments ; vous abordez chaque situation avec patience et tolérance ; vous ne permettez à rien ni à personne de vous faire déchoir de ce centre extatique d'harmonie. C'est ce que signifie fonctionner comme un maître.

Vous savez tous que le fait de purifier et d'harmoniser vos corps physique, mental et émotionnel avec votre corps spirituel vous donne d'abord accès à votre âme, puis à votre Soi supérieur, pour éventuellement puiser à votre divine présence Je Suis. En apprivoisant ces fréquences, vous atteignez une connaissance et une sagesse nouvelles. Rappelez-vous qui vous êtes, qui vous avez été, et sachez à quel point le véritable VOUS est exceptionnel et merveilleux. Vous sentez peu à peu cette connexion sacrée à votre famille spirituelle et ne ressentez plus la solitude, même lorsque vous êtes isolé. Mais saviez-vous qu'en retour, vous émettez également des formes-pensées, de l'information et un savoir nouveau sur ces fréquences internes vers votre Soi supérieur et votre Présence Je Suis ?

Vous êtes venus sur Terre en tant qu'ambassadeurs divins du Créateur, en provenance de civilisations lointaines, et même d'autres univers, faisant partie de cette énergie atténuée de Dieu/Déesse/Tout ce qui Est. Votre présence Je Suis avait une mission spéciale à remplir, un schème divin, tout comme votre âme. En tant que fragment individuel, ou personnalité, de l'âme de cet être illimité, vous avez reçu une assignation spécifique, une pièce du casse-tête à vivre et à parfaire. On attend maintenant de vous que vous acquériez la connaissance et l'expérience, et retourniez cette information nouvelle vers votre Soi supérieur, qui à son tour la retransmettra à votre divine présence Je Suis, du moins jusqu'à ce que vous puissiez y accéder directement, comme le font déjà nombre d'entre vous. Cette information sera évaluée, affinée et transmise à des niveaux supérieurs de la création en vue d'ajouter toute autre information accumulée au cours de cette expérience sur Terre.

Il vous est permis de puiser à même la force de Vie du Créateur selon votre capacité à y accéder et à l'absorber. Mais en accord avec une loi universelle, il est également requis de contribuer ou de donner en retour une part de cet Amour/Lumière sous forme de service dévoué à TOUS, si vous comptez continuer à vous épanouir spirituellement.

C'est en quelque sorte comme si l'on vous avait attribué une gemme irisée, à l'état brut, ni polie ni taillée, et qui contiendrait le code de votre fréquence spécifique et de votre schème directeur divin. Au fil des éons, chaque expérience contribue à l'expression vibratoire qui vous est unique, que cette expérience soit une turbulente leçon de vie qui aplanit les rugosités de votre gemme, ou la radiance de ce joyau s'épanouissant par l'Amour/Lumière. Cette fréquence d'expression trouvera éventuellement le chemin du retour à son origine, afin d'unir sa splendeur avec tous ces autres joyaux sublimes, apportant ainsi le miracle glorieux de toute cette expérience grandiose à la conscience du Créateur de tout. Savez-vous que vous faites l'expérience de la réalité physique à la place de tous ces êtres immenses, incluant le Créateur primordial, parce que leur vastitude ne leur permet pas d'abaisser leur énergie et leur conscience sur le plan physique ?

Avec ce scénario, je souhaite introduire en votre esprit l'interrogation suivante : vos actions et vos pensées sont-elles ce que vous désirez quotidiennement transmettre au Créateur comme votre contribution sur ces voies de la Lumière ? De quelle façon aimeriez-vous être représenté ? En quels termes souhaitez-vous que l'on se souvienne de vous ? Émane-t-il de vous des fréquences d'amour, de compassion, de joie, de gratitude devant le fait de participer à cette expérience d'envergure, tout en contribuant connaissance et sagesse au tout ? Et ces fréquences, sont-elles dignes du schème divin servant à créer de nouveaux mondes, systèmes stellaires et civilisations ? Ou bien, vos pensées et vos actions seront-elles rejetées du fait d'être inappropriées pour les registres cosmiques établis en cette époque ? Des registres qui feront état de la transformation miraculeuse qui a eu lieu sur cette planète minuscule qu'on nomme la Terre ; de comment une minime portion de l'humanité a pu changer le cours de l'histoire galactique et comment elle a été victorieuse face à des obstacles en apparence insurmontables.

Amis très chers, prenez conscience ou croyez au moins ceci : plus que jamais chaque pensée, chaque geste vous rapprochent ou vous éloigne de votre illumination, ou processus d'ascension. Ils vous influencent, en outre, ainsi que votre famille spirituelle, votre Soi supérieur et votre monde. Vous devez une fois pour toutes vous rendre compte que vous n'êtes pas un être isolé, distinct, que vous n'êtes pas souverain en vous-même. Vous êtes une facette d'un tout, une cellule dans le cœur du Créateur, et vous touchez, positivement ou négativement, tout le reste de la Création. Vous êtes muni d'un pouvoir immense, et une opportunité miraculeuse se présente à vous, comme jamais auparavant, de transformer les choses, d'accomplir votre mission sacrée, d'être cocréateur de mondes paradisiaques en compagnie de tous ces êtres de Lumière sublimes.

Ne laissez pas s'échapper cette chance inouïe. C'est tellement simple, amis bien-aimés. Aimez-vous d'abord vous-même, inconditionnellement, puis étendez cet amour à l'humanité entière. Mettez en pratique la douce voie médiane de la modération en toute chose. Adoptez une position totalement neutre, libre de jugements, laissant à chaque personne le soin de trouver sa propre vérité et de suivre sa destinée. Vivez dans la joie, la paix et l'harmonie, immunisé contre toute dissonance autour de vous. Échafaudez votre vision propre de l'éden sur Terre, puis suivez les incitations de l'Esprit qui vous aideront à concrétiser ce rêve. La quantité d'énergie cosmique à votre disposition est plus considérable que jamais. De même, les royaumes supérieurs vous prêtent main-forte comme jamais auparavant, mais c'est à vous de faire votre part en ancrant cette énergie par l'intermédiaire de votre véhicule physique, puis en amenant cette vision depuis le plan éthérique jusqu'à son expression physique, par vos processus mentaux et vos actes.

Au fil de votre passage dans les degrés subtils des domaines supérieurs, beaucoup parmi vous évoluent si rapidement qu'il leur est difficile de se concentrer sur de banales corvées, comme s'ils avaient les pieds bien sur terre mais l'esprit à la fois à l'extérieur et à l'intérieur de leur corps physique. Pour l'instant, il est primordial de demeurer terre à terre et d'ancrer ces énergies, mais les choses vont bientôt changer. Nombre d'entre vous s'apprêtent à franchir une étape de conscience, ce par quoi il leur sera désormais possible d'opérer à la façon d'un être spirituel/ physique multidimensionnel tout en agissant normalement dans le monde. Seuls ceux qui acquièrent cette aptitude verront la différence. Cependant ils sembleront plus sereins, plus efficaces, animés d'une vitalité accrue et d'une plus vaste capacité d'aimer.

Plusieurs des Maîtres ascensionnés habitant aujourd'hui la Terre sont des gens cléments, sans prétention, affables. Certains sont voués à devenir de grands orateurs, porteurs des connaissances et des sagesses de l'heure ; d'autres sont voués à produire des miracles à l'adresse des populations. Règle générale, toutefois, ces âmes merveilleuses accompliront leur mission humblement, avec sérénité, diffusant la paix, l'amour et le réconfort. Où vous situez-vous dans ce tableau d'une réalité nouvelle émergeant à l'horizon de votre monde ?

Nous vous offrons notre sagesse, notre amour, notre égide et notre appui. Mais il vous faudra donner réalité à votre rêve. Je Suis le seigneur Michaël.

# Je dois rester

Si légèrement en mon cœur repose mon esprit,
Je voudrais tant quitter ce monde
Si haut dans l'au-delà s'élancent mes pensées.
Pourtant l'attraction de la Terre est puissante
Hommage à la vie, si douce,
Qu'aucun souffle ou tressaillement ne m'échappe,
Je sens l'appel, l'ardent désir,
Mais mes serments je dois tenir.
Si seulement je pouvais toucher vos cordes sensibles,
Vous entraîner avec moi
Sur le chemin de l'Éternité
Là où la blanche Lumière est pure,
Là où l'énergie est amour,
Là où mon âme se languit d'être.
Mais je ne partirai
Que lorsque je saurai avec certitude
Que vous êtes engagés sur la voie.
Ainsi, pour l'instant, je resterai

par Ronna Herman

# Les principes du pouvoir spirituel

Chers maîtres, je vous ai donné ce qu'on pourrait appeler de l'information « avancée » pour forcer votre imagination et favoriser l'expansion de votre conscience afin d'intégrer graduellement dans votre réalité un peu de la vastitude et de la complexité de votre monde, du système solaire et de l'Univers. En ce moment, je suis conscient que plusieurs d'entre vous ne sont pas à l'aise avec quelques-uns des concepts qui leur ont été révélés et qui ne semblent pas s'intégrer dans le cadre de ce qu'ils souhaitent admettre comme leur réalité. Cela est tout à fait approprié et votre discernement vous honore. Plusieurs de ces prétendues « nouvelles vérités » proposées sont, en fait, des concepts avancés de la vérité du Créateur dépassant ce que l'humanité peut accepter et intégrer. Vous êtes en train d'atteindre la maturité en tant que race (nous entendons ici la race humaine). Une partie du processus d'évolution vers l'être humain spirituel consiste à remplacer les anciennes convictions, déformées et contraignantes, par des idées et des théories apparemment révolutionnaires et qui, souvent, s'opposent à ce que vous acceptiez comme partie intégrante de votre système de pensée.

Nous vous observons pendant que vous réfléchissez à quelques-unes des idées présentées ici ; nous percevons votre malaise quand certaines d'entre elles ramènent de vieux souvenirs à la surface : peur, culpabilité, frustration, colère, sentiment d'inutilité. Nous avons déjà affirmé que le temps est venu de vous libérer de toutes les perceptions et les idées dépassées afin que vous puissiez, de nouveau, accepter votre état de Maître. Mais vous devez d'abord croire à la possibilité selon laquelle vous êtes, en réalité, des Maîtres et non simplement des pions dans un jeu insensé.

Il est temps pour vous de devenir des adultes responsables, pleinement conscients, et des êtres spirituels (une autre façon de dire qu'il est temps pour chacun de recouvrer son état de Maître), car certains d'entre vous ne savent toujours pas ce que cela signifie ou implique. Il n'est plus tolérable que vous abdiquiez votre avenir ou votre croissance spirituelle et transfériez la responsabilité à quelqu'un que vous croyez plus sage, ou plus puissant, ou qui possède quelque « connexion » avec les domaines supérieurs de la vérité lumineuse. Amis très chers, nous vous offrons un don de grande valeur, la sagesse occultée depuis si longtemps, perdue et déformée. Cette connaissance et cette sagesse qui n'étaient accessibles qu'aux êtres choisis, ceux qu'on estimait assez avancés ou responsables pour les comprendre et en faire bon usage.

Je l'ai dit à maintes reprises déjà, mais cela mérite d'être répété, car le moment est crucial pour votre processus d'éveil : n'acceptez rien que moi-même ou quiconque vous propose sans d'abord le filtrer dans votre coeur et dans votre âme afin de le valider. Si l'information vous apporte la force et l'expansion, si elle déborde d'amour et n'est ni limitative, ni dominatrice, ni fondée sur la peur, alors, je vous en prie, gardez l'esprit ouvert et objectif. Si elle n'est pas en harmonie avec votre vérité, mettez-la de côté sans la rejeter. Pour que vous ressentiez davantage une vérité comme adéquate pour vous, demandez qu'elle soit validée. Ainsi, vos protecteurs, vos enseignants et votre Soi supérieur prendront la relève. Des indices vous seront alors présentés sous diverses formes, la confirmant pour vous éviter de rester dans le doute. De cette manière, vous pourrez graduellement étendre votre perception dans des domaines, des réalités et des possibilités qui dépassent vos attentes les plus folles.

Mes fidèles amis, sachez, je vous en prie, que les connaissances et la nouvelle conscience que l'on vous a offertes ces dernières années ne constituent qu'un début, qu'une amorce, de ce qui se prépare. Alors, je vous en prie, offrez-vous le privilège de tendre vers l'inconnu, au-delà des limites de la certitude et du confort, car les murs de votre réalité s'effondrent. En réalité, ce sur quoi vous dépendiez ou ce qui vous rassurait jusqu'ici disparaît. Même vos vérités les plus précieuses, les plus élevées, les plus sages sont en voie d'être remplacées ou modifiées par un savoir plus raffiné, plus avancé, venu de la sphère galactique.

Les convictions désuètes, fermement ancrées dans la conscience collective, et l'ancien mode de vie ne sont plus acceptables. Ni de longues années ni des vies entières ne sont nécessaires pour que les énergies harmonieuses ou discordantes que vous projetez dans les éthers s'adjoignent d'autres énergies similaires pour revenir valider votre système de valeurs. Les créations de votre esprit sont amplifiées et se concrétisent beaucoup plus rapidement afin que, une fois pour toutes, vous vous rendiez compte que vous êtes les créateurs de votre monde intérieur et extérieur. VOUS êtes responsables de votre enfer ou de votre ciel sur Terre. Vous avez reçu tous les outils, tous les dons, à utiliser comme bon vous semble, tel qu'il a été stipulé par les Lois universelles du Créateur. Vous avez reçu le don du libre arbitre avec la consigne suivante : « Allez de l'avant et employez vos aptitudes mentales et émotives pour construire un paradis dans le plan matériel afin que nous puissions en faire l'expérience et en jouir ensemble, moi à travers vous. » Pour bien des âmes chères, ce concept est difficile à accepter, terrifiant même. Il est plus facile de blâmer quelqu'un, Dieu ou le destin, de ce qui vous arrive plutôt que d'en assumer la responsabilité.

Même un être fortuné ou à qui une chance exceptionnelle sourit, aura coutume de dire ou de croire « qu'il a simplement trouvé le bon filon » ou « qu'il a de la veine, voilà tout ». Cette personne ne pourrait pas jouir de sa bonne fortune, quelle qu'elle soit, à moins qu'il n'existe une énergie similaire dans son champ aurique. À un certain moment, ou dans une autre vie, la personne qui a de la chance aujourd'hui a jeté des semences qui ont porté fruits jusqu'à ce que l'énergie lui revienne et qu'elle cueille enfin sa récompense. En ce moment, deux raisons expliquent la rétribution à plus brève échéance : d'une part, votre temps/espace est en compression et, d'autre part, vous commencez à saisir la manière dont la loi de cause à effet fonctionne vraiment.

Parlons maintenant de la peur. Même si nous en avons abondamment discuté par le passé, il reste que la peur est un élément majeur dans vos vies, du moins jusqu'à un certain point. Je voudrais de nouveau m'y attarder en conjonction avec ce que nous appelons les principes de pouvoir. Quand il est question de vous nantir de pouvoirs, plusieurs d'entre vous vivent de la peur et du déni. Cela ranime en eux des souvenirs de défaite ou de mort aux mains de quelqu'un de plus puissant, le fait d'avoir employé le pouvoir à mauvais escient, ou la perte de tout ce qui leur était cher après l'abdication de leur pouvoir au profit d'autrui.

Le pouvoir que je vous offre grâce au premier Rayon est le POUVOIR DE L'AMOUR, le pouvoir de créer et de rendre manifeste votre nouveau monde empli de courage. Le pouvoir et l'emprise sur les basses fréquences qui vous ont dominés et vous ont maintenus enfermés dans une prison illusoire. Utilisé dans sa forme véritable, le pouvoir est la faculté d'agir avec vigueur et force; c'est vivre votre propre vérité avec autorité et authenticité, et verbaliser cette vérité avec vaillance et intégrité. Cela signifie être responsables de vos actions et user de votre influence pour le plus grand bien de tous, toujours. Cela veut dire retenir le pouvoir de la délicatesse, et ne pas craindre de laisser les autres utiliser leur pouvoir. Cela sous-entend aussi d'accepter avec gratitude ce que les autres ont à offrir lorsque leurs capacités ou leur pouvoir dépassent les vôtres, les renforcent ou les complètent. Il ne s'agit pas de se concurrencer afin de découvrir qui est le plus puissant, ou qui peut contrôler l'autre. C'est une occasion pour vous d'intégrer et d'utiliser un don, celui de la Cause première de la Création, le pouvoir universel de la Volonté divine, en harmonie avec la Volonté de notre Dieu Père/Mère.

Ayez de l'égard les uns pour les autres, mes bien-aimés, respectez les convictions et les vérités des autres, même si elles ne sont pas en résonance avec ce que vous concevez être votre vérité. Permettez-leur de se tenir à vos côtés et de manifester un point de vue différent ou une autre facette de la vérité. Ne critiquez et ne jugez point, car c'est là l'attitude de quelqu'un qui craint. Soyez assez courageux pour consentir à la différence chez les autres et accueillez leur sagesse, car ils n'ont quelque chose à offrir que si vous vous placez dans un état de réceptivité et d'ouverture.

Apprenez, je vous en prie, l'art de la négociation et de la persuasion ; évitez la force et la coercition devant une nouvelle tâche, ou dans vos rapports avec ceux qui partagent votre vie et votre travail. Il est temps que les races, les religions, les cultures, les groupes de tout âge et les sexes vivent en paix et en harmonie, respectant et appréciant leurs particularités et leurs modes d'expression respectifs. Exiger de votre entourage qu'il obéisse à vos principes ou à vos convictions émane de la peur, celle de vous retrouver fautif, affaibli, ou inadéquat. Ce à quoi vous adhérez ou ce que vous cherchez à dominer vous quittera éven-tuellement. Le pouvoir animé par l'amour est sans peur. Il accorde à chacun la liberté d'ÊTRE, d'exprimer et de créer.

Afin d'être aptes à utiliser vraiment le pouvoir qui vous est offert, vous devez d'abord abandonner votre peur, votre besoin de dominer les autres. Je vous demande, si vous le voulez bien, de réfléchir sur le sens du pouvoir lorsqu'il est associé aux mots suivants : POUVOIR D'EXPRESSION – Êtes-vous disposés à exprimer librement et sans peur vos convictions et vos désirs à votre entourage? Êtes-vous prêts à entrevoir et à manifester votre magnifique corps de Lumière et à travailler avec lui pour générer santé, vitalité, jeunesse et bien-être? POUVOIR DE COMMUNICATION – Les mots choisis projettent des énergies qui créent et construisent vos désirs, ou qui sabotent vos efforts et vous affaiblissent. POUVOIR D'INSPIRATION – L'inspiration est préliminaire à l'emploi du POUVOIR DE MANIFESTATION – L'énergie de la pensée inspirée vous met en phase avec votre Mental supérieur afin de vous permettre de vous abreuver à la source de la Connaissance cosmique où tout est connu.

POUVOIR DE DISCERNEMENT – Êtes-vous prêts à endosser la responsabilité de votre savoir nouvellement acquis et de vos pouvoirs, à reconnaître le moment de parler ou de vous taire ? Consentez-vous à ce que les autres découvrent leur propre vérité, au moment opportun ? Les véritables Maîtres savent être responsables de leur propre croissance spirituelle et de leur bien-être, et reconnaissent que l'exemple constitue le meilleur enseignement. POUVOIR D'ÉQUILIBRE – Vivre le Chemin du milieu, que certains nomment le Chemin étroit, avoir de la modération en tout, mais revendiquer la beauté, l'opulence et la générosité de la Création, et en jouir. Équilibrer et intégrer toutes les facettes de votre Être afin de rayonner l'harmonie et la paix. Et, finalement, POUVOIR DE TRANSCENDANCE – Voici, mes bien-aimés, le résultat final après vous être prévalus des autres facettes du pouvoir et de les avoir harmonisées. Il est temps d'aller au-delà des limites de la troisième dimension, de vous dégager de votre vieux système de valeurs, étroit et dominateur, et de le transcender, d'avancer et de passer à l'état de Maître, de vous prévaloir de tous les dons qui vous appartiennent de droit divin – et que vous aviez simplement oubliés.

Que signifie le fait d'être nanti de pouvoirs, d'être pionnier ou éclaireur de la voie ? Cela implique d'avancer dans les sentiers où les cœurs faibles craignent d'aller, d'escalader les hauteurs et d'obtenir votre rétribution en tant qu'humain spirituel, et de faire le saut en terrain vierge, sachant que vous avez la capacité et les moyens de réussir dans toute entreprise de votre choix. Cela signifie la maîtrise de l'ego et l'ajustement de vos désirs à votre mission divine – qui mène à la paix, au bonheur et à la beauté auxquels tous aspirent. Tout cela vous permet de vous connecter au POUVOIR DE TRANSFORMATION – qui vous entraîne aisément au travers du processus, déjà enclenché, d'ouverture des portes de l'Illumination et de la Conscience unifiée.

Et donc, mes courageux guerriers, passerez-vous un certain temps à réfléchir et à méditer sur ces principes de pouvoir décrits pour vous ? Vous engagerez-vous à les intégrer ? Il est d'une importance vitale que vous compreniez bien les responsabilités qui en découlent lorsque vous revendiquez le don du premier Rayon du pouvoir divin. Vous devez absolument utiliser correctement cette énergie pour votre bien le plus élevé et le plus pur, et pour le bien de tous. L'étape suivante consistera à aider votre Terre-mère et l'humanité entière à recouvrer ce don. Grâce à des travailleurs dédiés tels que vous, ceux et celles qui sont assez audacieux et braves pour montrer la voie, ce don merveilleux pénétrera, se répandra et transformera la Terre et tout ce qui y vit.

Je vous quitte avec une ultime requête : je vous prie de vous concentrer également sur les mots « expression joyeuse » et sur ce qu'ils signifient pour vous. L'un des secrets pour évoluer dignement et avec grâce tout au long de ce processus capital consiste à le percevoir comme une expérience joyeuse et non comme une corvée ou un travail sérieux à endurer et à combattre. DIEU EST JOIE, DIEU EST EXTASE, DIEU EST RAVISSEMENT – en incarnant et en exprimant la joie, vous vous servez l'un des outils les plus puissants de la Création.

Vous avez traversé la vallée de larmes, vous avez cheminé sur le sentier de la douleur, vous avez vécu la nuit noire de l'âme, il est temps de réclamer et de cueillir les fruits de vos épreuves. Exigez votre pouvoir, chers guerriers, et c'est dans la joie, la détermination et la vision du paradis bientôt manifesté que nous irons de l'avant, ensemble, marchant vers l'avenir lumineux de demain. J'aimerai et supporterai vos démarches avec tout le pouvoir de mon Être. Je suis l'Archange Michaël.

# Mission d'amour mission de maître

Maîtres bien-aimés, cœurs solaires, semences de Lumière sublime, fils et filles du Très Haut, je souhaite partager avec vous certaines intuitions sur les événements qui ont eu lieu sur Terre du 16 au 18 août 1997, lors de la célébration du dixième anniversaire de la Convergence harmonique. L'appel fut entendu par un nombre impressionnant d'entre vous. Ce qui nous permit de diffuser un influx maximal d'énergie cosmique en provenance du Soleil central vers vous, la Terre, puis un influx adapté en vue d'atteindre l'humanité et chaque créature vivante. Pour ce faire, il nous fallait votre permission, mais vous deviez aussi devenir des réceptacles et des catalyseurs transparents, de sorte que ce don ne puisse endommager vos divers systèmes corporels ni être déformé ou contaminé. C'est la raison pour laquelle nous nous sommes efforcés de vous faire comprendre l'importance vitale de l'époque actuelle pour votre planète. Et depuis les derniers mois, nous avons fait tout ce qui est en notre pouvoir pour vous seconder afin que vous puissiez effectuer le maximum de purification et d'harmonisation de vos quatre vaisseaux inférieurs. Vous ignorez totalement, amis précieux, la quantité remarquable d'énergie bienveillante, d'aide et d'attention qui a été dirigée vers vous et votre planète bénie durant la dernière décennie.

Ceux qui ont assisté à l'événement sur le site sacré de Maui, à Hawaï, ont répondu à une impulsion subconsciente : l'aspiration à retourner à l'endroit merveilleux qui était leur chez soi. Vous avez participé à la création de ce lieu où, il y a plusieurs éons, nombre d'entre vous sont entrés dans le domaine physique. Ce désir de retour était d'une urgence telle qu'il était inévitable.

Et une fois l'engagement pris, les obstacles s'évanouirent, car l'Esprit vous secondait dans cette réunification à votre famille spirituelle dans le cadre de sa quête sacrée. En plusieurs points du globe, divers groupes se retrouvaient de la même manière pour remplir leur partie de la mission. Vous avez tous été nantis d'un don provenant du cœur de notre Dieu Père/Mère afin de vous aider à dissiper ce voile d'oubli et à vous souvenir de votre identité, et afin d'accélérer l'éveil de la Terre et de ses habitants. Une conscience universelle nouvelle émerge, et du fait que beaucoup sont poussés vers la voie, intérieurement, plusieurs personnes ressentent une insatisfaction.

Cet événement d'envergure fut acclamé partout dans l'univers, car nous avons observé votre passage à une conscience supérieure grâce à votre acceptation du Glaive flamboyant de la Volonté et du Pouvoir de la Cause première en vue de les employer pour le bien de tous. Vous avez établi, loyaux amis, une connexion par le cœur entre vous et nous, des domaines supérieurs. Cette connexion sur le plan du cœur/âme s'étendra à la planète entière au fil de l'éveil collectif à leur nature véritable, ou Soi supérieur, d'un nombre croissant d'entre vous et à mesure que vous renouvellerez cette même connexion à la Source divine par l'intermédiaire de votre conscience christique. Vous avez échafaudé une toile, un mandala d'Amour/Lumière qui s'étendra jusqu'à couvrir entièrement la Terre et permettra d'accélérer le processus d'ascension. Cela rayonnera éventuellement dans tout le système solaire, dans la galaxie, et bien au-delà.

En raison de l'harmonisation, et de l'élimination des distorsions fréquentielles, nos liens avec vous s'affermissent. N'êtes-vous pas plus sensibles à notre présence, mes bien-aimés ? Nous, des domaines supérieurs, vous éclairons globalement des attributs du Créateur au fil de l'harmonie retrouvée avec nous par votre adaptation aux fréquences plus élevées. Il est possible que des bouffées de chaleur ou un flot d'énergie traverse votre corps ; peut-être sentirez-vous même des vagues de félicité ou de tristesse. Parfois encore, votre cœur débordera d'un amour intense, difficile à supporter, comme si votre corps ne pouvait contenir les exquises sensations qui imprègnent votre être. Votre attention n'est-elle pas plus concentrée et votre monde ne vous apparaît-il pas plus clairement ? Ne semblez-vous pas davantage maître de votre destinée ? Le point de vue supérieur, plus vaste, depuis lequel vous considérez les événements mondiaux ne dissipe-t-il pas vos doutes pour donner lieu à la certitude que vous « suivez le courant » et que rien ne cloche dans le monde ? Vous endossez votre cape de maître, cœurs intrépides, vous êtes en ascension, ayant abdiqué votre véhicule physique à la mainmise de l'Esprit.

Ces derniers mois, nous avons tenté de vous faire comprendre, par le biais de nos messages et par les assemblées que nous vous incitions à tenir, qu'une purification pénible ou compliquée n'est pas nécessaire. Il est crucial que vous traitiez et que vous dégagiez toute énergie bloquée à l'intérieur de vos corps physique/éthérique, émotionnel et mental. Ce processus s'accomplit en équilibrant et en harmonisant le système physique des chakras (les sept chakras, ou roues d'énergie, avec lesquels vous êtes déjà familiers). Il peut être grandement accéléré avec l'emploi de techniques de respiration sacrée, de toning, de visualisation et une intention claire. Cela permet à votre présence Je Suis d'activer plusieurs chakras mineurs dans le corps, et d'entamer le processus d'ajustement aux cinq chakras supérieurs de conscience galactiques. Par l'intégration progressive de votre Soi divin s'élabore votre corps de Lumière cristalline.

Vous accéderez éventuellement à plusieurs de ces centres de fréquences supérieures et les intégrerez graduellement, ce qui vous élèvera jusqu'à une conscience universelle. Pour l'instant, toutefois, vous devez impérativement amarrer votre Soi supérieur dans le domaine physique et apprendre comment opérer en tant que Maître, comment rayonner la paix, l'amour et l'abondance offerts à l'humanité et à la Terre, comment vous concentrer sur la beauté et l'harmonie et non sur la négativité et le chaos, de façon à ne pas alimenter ce qui est incompatible avec le plan divin pour la Terre et ses habitants. Il s'agit de demeurer dans le PRÉSENT, de franchir un pas et un niveau à la fois. Vous servez d'exemples, vous êtes les prototypes de l'humanité spirituelle émergente.

Vous illuminez la voie pour ceux et celles qui suivront, mes bien-aimés. Vous êtes les enseignants, les guides, les éclaireurs pour ceux qui s'éveillent déjà. À quoi vous servirait d'avancer si loin sur la voie, au point de devenir inaccessibles et d'être incompréhensibles pour ceux-là même que vous devez seconder ?

Certains d'entre vous s'apprêtent à aller au-delà de l'expérience ordinaire et peuvent réaliser le rêve d'incorporer pleinement leur Soi divin et de s'élever en ascension vers les domaines supérieurs au-dessus de l'illusion et de la souffrance humaine sur Terre. Nous savons avec certitude que l'attraction et le désir sont puissants... Si tel est votre choix, eh bien, qu'il en soit ainsi. Il n'y a pas d'erreur possible, mais rappelez-vous, amis bien-aimés, nous avons besoin de vous. Vous avez fait la promesse d'aider à l'éveil de vos frères et sœurs, d'enseigner à ceux qui vous suivent sur la voie, de les guider et d'en prendre soin en cette époque critique. Voilà pourquoi il est essentiel que vous ne transmettiez pas l'idée selon laquelle le processus est trop compliqué et difficile à saisir ou à accomplir. Ceux que vous guidez n'ont pas à connaître ni à comprendre les concepts abstrus que vous avez eu à intégrer. Ils n'auront pas non plus à atteindre le niveau de conscience que vous avez atteint.

Rappelez-vous ! Plusieurs parmi vous sont entraînés à devenir les maîtres ascensionnés de l'avenir, pourvu, bien sûr, qu'ils acquiescent à l'engagement, en acceptent la responsabilité. Certains s'élèveront en ascension sans quitter leur corps physique, tandis que d'autres partiront subitement, aussitôt leur mission achevée. Vous avez tous entendu parler des trois Vagues de l'Ascension. Plusieurs ont été captivés par ce scénario et ont fixé leurs aspirations sur le fait de prendre part à la première vague, puis à la deuxième, etc. Ce souhait d'être parmi les premiers relevait souvent de l'ego. Mais à l'heure actuelle, la plupart des êtres qui étaient destinés à faire partie de ce plan font l'expérience de l'ascension dans leur corps éthérique. Ils savent qui ils sont. Gardez le silence, et consacrez-vous au service bienveillant de l'humanité : guidez, dirigez, enseignez et ouvrez doucement la voie aux autres. Le temps n'est pas encore venu, ou alors vous n'êtes pas assez mûrs pour matérialiser ou dématérialiser votre corps de Lumière. Ne vous attachez pas au but ultime ; gardez le regard tourné vers la mission de l'heure.

Pour la majeure partie de l'humanité, il n'y a qu'à ouvrir son cœur et à laisser son âme initier le processus d'ajustement des vaisseaux physiques à la résonance de la quatrième dimension. Ces êtres pourront dès lors évoluer dignement et avec facilité suivant le *momentum* de la Terre lors de son passage dans la cinquième dimension. La responsabilité échoira à ceux qui ont, ces dernières années, ressenti ce désir urgent et qui ont répondu à l'appel du clairon. Vous êtes ceux qui instruirez et guiderez les êtres bénis de la Terre dans cet Âge d'or naissant. Et lorsque votre mission s'achèvera, vous passerez le sceptre de la responsabilité aux autres, que vous aurez amenés à l'état de Maître. Pour votre part, vous passerez ensuite au niveau subséquent de vérité et d'activité.

Vous avez subi de grandes épreuves, d'infinies tribulations, et y avez survécu. Vous émergez vainqueurs de la longue nuit noire de l'âme. Vous avez renoncé à beaucoup, purifié énormément et vous prenez maintenant conscience que les dons de l'Esprit valent largement tout ce que vous avez dû traverser.

Nous avons passé le Glaive du Pouvoir divin, Maîtres bien-aimés, à ceux d'entre vous qui ont réussi l'épreuve de l'Amour – amour envers soi-même et l'humanité, envers notre précieuse Terre et la Création entière. Nous l'avons transmis à ceux et celles qui ont la faculté d'accéder à leur part du Plan divin et de le réaliser, qui peuvent agir en accord avec leur mission sacrée. Au cours du processus initiatique traversé par plusieurs, vous avez été immergés de la quantité la plus importante d'énergie divine en provenance du Créateur-source depuis que vous avez emprunté cette forme physique. C'était là le maximum que vous pouviez absorber sans être déséquilibrés.

Intrépides guerriers, vous vous dirigez vers l'étape suivante, celle de l'illumination. Vous avez acquis la distinction de « Guerriers de Lumière » au sein de mes Légions. Je vous présente ma gratitude, êtres exaltés, et mon cœur déborde d'amour pour vous. Je suis avec vous, toujours. Je Suis le seigneur Michaël.

# Des étincelles de souvenirs

Maîtres bien-aimés, reprenons nos enseignements sur le raffinement de l'esprit et du cœur, afin que votre conscience transcende la réalité linéaire spatiotemporelle et s'étende à une version interne d'expression de soi et de vision du monde. Concentrez-vous tout d'abord sur votre centre du cœur, et ressentez une chaleur s'y élever au moment où vous enflammez l'étincelle de la Création qui y réside. Sentez l'amour rayonner et emplir votre vaisseau physique ; c'est là, la source d'énergie et l'essence qui revitaliseront et parferont votre forme corporelle tout en servant de catalyseurs des miracles qui transformeront votre monde.

Avant d'être mandatés à traverser les dimensions en vue de participer à l'expression spirituelle/physique sur Terre, nombre d'entre vous ont reçu, dans leur corps éthérique, l'implant de cristaux-semences, ces joyaux de la Création. Ces cristaux-semences portent les clés et les codes, les énergies, les souvenirs et la connaissance de votre mission propre, du rôle que vous aviez à jouer. Vous avez courageusement traversé le vide, le vaste au-delà, dissocié en apparence de votre Soi merveilleux, pour ainsi pouvoir créer, exprimer, suivant votre nature unique. Ce fut un périple de merveilles et de joies, de souffrance et d'agonie, de flamboyantes réussites et d'échecs cuisants, mais cette époque arrive à son apogée, à son achèvement. À cette vie de séparation – au sein même de la multitude – à cette perception dissociée de vous-même et d'autrui, se substituent graduellement une conscience de l'unité, une unification, une fusion des énergies, des forces, des sagesses.

Arrêtez-vous un petit moment et ressentez la puissance et

l'amour qui déferlent en vous et tout autour de votre corps, qui s'étendent dans la pièce et pénètrent la Terre. Portez maintenant votre attention à votre troisième œil. Percevez une flèche de Lumière dorée pénétrant la partie médiane de votre cerveau. Employez la totalité de vos facultés sensorielles et amenez votre conscience au centre de votre structure cérébrale. Peut-être aurez-vous un léger goût métallique dans la bouche, ou respirerez-vous un effluve subtil, ou encore ressentirez-vous comme une certaine force interne dilater votre crâne ? Faites bouger votre pensée dans cet espace intérieur, tentez de sentir votre tête de l'intérieur. Ne vous tendez pas, il n'existe pas de manière correcte ou incorrecte d'accomplir cela. Laissez le changement se produire naturellement, visualisez-vous sous la forme d'une minuscule étincelle très concentrée et flottant dans un océan de conscience en expansion.

Prenez conscience de la sérénité et du sentiment de liberté qu'engendre cette pratique, et rendez-vous compte à quel point les limites de votre structure physique semblent s'évanouir. Ressentez l'énergie qui rayonne hors de votre corps purifiant et augmentant votre champ aurique, l'harmonisant et l'équilibrant. Passez quelque temps, aussi longtemps que vous le souhaitez, à expérimenter et à confirmer cette connexion neuve à votre Soi. Lorsque vous êtes prêts à poursuivre, laissez flotter votre conscience dans votre structure cérébrale jusqu'à ce que vous sentiez une pression légère, investiguez doucement ce point et si une sensation quelconque surgit dans votre cœur – une fine pression ou une réaction émotive –, consentez à explorer cet espace. Vous vous reliez à un faisceau lumineux, ou joyau de sagesse, un encodage de géométrie sacrée, ou à des formules contenant les clés et les codes donnant accès à votre état de Maître et à tout ce à quoi vous aviez renoncé lorsque votre Soi spirituel a été voilé par la densité de la sphère physique.

Cette centrale de sagesse intensifie et accélère la transformation de votre structure moléculaire et l'aptitude à transmuer les énergies négatives de l'intérieur. De plus, à l'instar d'un poste radio, vous vous mettez à transmettre des fréquences vibratoires supérieures qui attirent ceux qui commencent à toucher ces fréquences. Vous vous servirez mutuellement de catalyseurs pour intensifier et accélérer la diffusion de ce savoir étendu, de cette énergie et de cette Lumière. Là se trouvent les souvenirs de vos origines et de vos aptitudes, de vos dons et de votre connexion au Créateur.

Vous retrouverez miraculeusement des âmes et des groupes spirituels desquels vous aviez été séparés depuis plusieurs éons. Votre sentiment d'isolement se dissipera lorsque vous retrouverez une sensation d'unicité. Vous compléterez les talents et les dons de ceux qui vous entourent, comme eux-mêmes augmenteront et renforceront vos aptitudes et votre sagesse. Grâce à votre connaissance affinée et à votre expérience, vous vous aiderez mutuellement à réaliser la guérison, la purification, et l'intégration de vos magnifiques corps de Lumière, et à accueillir votre état de Maître.

Il est temps de franchir l'étape subséquente dans ce grand plan de transformation. Il faut maintenant favoriser l'activation de toutes les structures de pouvoir latentes au sein de la Terre qui recèlent la vision parfaite ainsi que les plans et formules pour l'ascension de votre planète. Et que tous ceux qui sont aptes à s'ajuster à sa résonance accélérée, l'accompagneront dans son périple intemporel.

Comme déjà expliqué, au moment de la formation de votre Terre-mère de grands Êtres cristallins doués de conscience furent placés au centre de sa structure, de même qu'un magnifique noyau de cristal encodé d'un plan divin pour la planète et l'humanité entière, du début jusqu'à la fin des temps. Plusieurs de ces grands centres énergétiques se refermèrent à mesure que l'humanité s'enlisait dans la densité. Seuls quelques vortex majeurs continuèrent à rayonner de la Lumière et de l'information en un aller-retour depuis les domaines supérieurs. Ces centres furent contaminés, se densifièrent et se déformèrent avec le temps, engendrant des cités d'ombre plutôt que des villes de Lumière. Depuis les dernières vingt années, avec votre participation en tant qu'arrimeurs et transducteurs de la Lumière, nous avons pu purifier et réparer graduellement ces phares au sein de la Terre. Ils ont à leur tour permis la purification, l'harmonisation et l'affinement des lignes telluriques et de la grille éthérique de votre planète.

L'énergie féminine de la Déesse, qui connut un déclin rapide au cours des dernières 13 000 années, résonne encore une fois depuis le cœur de la Terre, depuis le Soleil central, et s'impose aux chakras du cœur des hommes comme des femmes. Elle apporte la promesse d'une vie nouvelle, d'une conscience autre, d'un contrat inédit entre les manifestations féminine et masculine – une conscience intérieure unifiée. Il faut renoncer à la guerre des sexes, car c'est en réalité une guerre contre vous-même, une lutte pour la suprématie d'une modalité au détriment de l'autre. Ne vous avons-nous pas déjà dit qu'il fallait être puissant, affirmatif, dynamique, mais également doux, compassionnel et tendre ?

Nous avons attendu, observé patiemment, alors que vous purifiiez votre nature mentale et émotionnelle afin de les harmoniser avec l'Esprit. Nous vous avons regardés vous abreuver à cette fontaine de pensée pure et projeter à l'extérieur vos rêves, vos souhaits, et devenir plus confiants en constatant leur réalisation. Il est de toute première importance que votre intention demeure pure, et que votre vision ne soit pas voilée lorsque vous assumerez et brandirez la puissance dynamique de la manifestation.

Cette époque en est une de croissance accélérée, d'expansion de la conscience et d'ajustement à la sagesse subtile relevant de la vérité du Créateur. Une accélération particulière a débuté avec l'équinoxe de ce printemps, le 21 mars 1997, et continuera à s'amplifier et à s'accumuler jusqu'à la fin de ce siècle. Vous vous êtes consacrés à la guérison, à l'harmonisation de votre structure corporelle, à l'activation de votre système de chakras, et vous devez impérativement aider votre planète bénie à en faire autant. Votre Terre et votre système solaire s'alignent graduellement sur le cœur de votre galaxie et sur le Soleil central. Vous activez et purifiez votre propre cœur solaire en vue de l'épanouissement de votre propre vaisseau solaire fils/fille. Le monde que vous connaissez a supporté et nourri votre existence à travers les âges, et voilà venu le moment de le seconder et de le soutenir en cette époque où il renaît.

Votre attention se tournera vers d'autres régions de la Terre. Vous serez appelés à retourner vers certains endroits où vos souvenirs sont enfouis et où jaillira l'Étincelle divine qui vous habite. S'unissant à d'autres de résonance similaire, cette étincelle servira à dissiper les énergies négatives qui contaminent et étouffent la planète et ses vastes structures. Vous libérerez les codes sacrés qui allumeront et alimenteront ces vastes structures, assoupies depuis des millénaires. Ainsi, elles recevront et transmettront de nouveau des instructions et des directives en provenance de votre Père/Mère/Créateur dans le Soleil central.

Le temps est venu de guérir les douloureux souvenirs d'échec, d'abandon, de rejet et de trahison émanant de votre expérience en Lémurie et en Atlantide. Le temps est venu de vous pardonner d'avoir mal employé les dons du pouvoir, de l'abondance et de la cocréation. Vous devez à tout prix vous rappeler que vous êtes venus sur Terre afin de manifester et expérimenter la dualité sur le plan physique. Savez-vous qu'en guérissant votre passé et en prenant conscience qu'on ne vous juge aucunement par rapport à vos erreurs ni pour vos énergies mal orientées, du coup vous raffinez, équilibrez et guérissez d'anciennes fréquences, ou souvenirs, appartenant à l'humanité et à la Terre ? En vérité, vous n'avez rien à faire pardonner, aucune raison de demander pardon, mais dans votre état de conscience actuel, ce geste permet d'entamer le retour vers la conscience d'harmonie, vers un certain équilibre et une paix intérieure. La plupart d'entre vous n'êtes pas encore prêts à voir et à admettre que rien de ce que vous pouvez avoir fait ou ferez n'entraînera jamais de jugement de la part du Créateur. Il est vrai que vous avez vécu sous la loi de cause à effet, le karma, mais vous n'avez jamais été jugé ni considéré comme rien de moins que parfait. Il est temps d'accepter cette perfection, mes bien-aimés, et de cesser de vous punir.

Lorsque vous vous mettrez à projeter cette concentration

unifiée de Pouvoir solaire (Énergie du premier Rayon) que vous êtes à tisser en vous, un désir de vous rassembler pour créer un champ de forces cosmiques transformatrices s'imposera. Certains moments y seront plus propices, comme lors de l'anniversaire de l'événement que vous appelez Convergence Harmonique, qui a eu lieu en août 1987, lorsque votre Soleil a commencé à s'aligner avec le centre de sa galaxie – la Voie lactée, que nous appelons équateur galactique – et que les pulsions du grand Soleil Central déferlèrent peu à peu sur la Terre et l'humanité. Vous êtes tous conscients de ce qui se passe depuis ce moment et, mes très chers guerriers, si vous croyez que les changements ont été miraculeux, nous nous permettons de vous dire ceci : « Vous n'avez encore rien vu ! »

De la même façon que plusieurs êtres bien-aimés furent appelés à voyager jusqu'à certains sites sacrés (plus ou moins religieux) et voulurent en éprouver les forces, un nombre croissant d'entre vous ressentira l'appel divin et se verra incité à visiter des endroits étranges et fabuleux de la Terre, ou même à s'y établir.

Le ceinture de Feu sur lequel sont placés plusieurs des volcans actifs ou dormants du monde contient de vastes réservoirs de sagesse et d'énergie transformatrice. Sous chacun d'eux se trouve une de ces grandes structures cristallines dont nous parlons. Jadis, lorsque les énergies négatives atteignirent un seuil intolérable, ces magnifiques vortex d'énergie, sous l'action des grands *devas*, crachèrent leur feu et leur frustration, non pour nuire ou détruire mais pour que vous preniez conscience que la pression avait justement atteint un niveau intolérable et qu'il fallait la ventiler ou la libérer. Il est temps de vous joindre aux royaumes des élémentaux et à ceux des *devas*, de vous associer avec une intention sacrée pour purifier et libérer les énergies négatives et bloquées, afin de reconnaître les Êtres divins dont la tâche consistait à amarrer et à retenir la sagesse et la résonance du Créateur à l'intérieur de la Terre et de vous harmoniser avec eux.

Vous avez travaillé avec diligence et ferveur pour activer et soigner ce lieu sacré appelé Mont Shasta, et il résonne maintenant d'une Lumière des plus merveilleuse. Nous vous demandons aujourd'hui de soigner les autres puissantes génératrices qui se trouvent partout sur la Terre, telles que le majestueux Mont Haleakala sur l'île de Maui, à Hawaii, vestige de la grande civilisation de Lémurie. Je vous enjoins de méditer sur ce lieu sacré (ou de vous y rendre, si vous entendez l'appel) à la pleine Lune de la constellation du Lion, alors que j'activerai le premier Rayon de Volonté divine et, avec votre aide, réveillerai le puissant Être cristallin assoupi en ce lieu depuis des milliers d'années. En libérant votre intention purifiée dans le cratère, vous aiderez à guérir les vieux souvenirs de séparation et d'échec. En rétribution, une activation et un ajustement de proportions immenses se produiront. Vous tenez la clé qui permet de libérer et de réorienter le pouvoir de la Terre; en retour, la Terre tient la clé de votre épanouissement comme Maîtres de cocréation et peut soutenir votre retour dans le partenariat en tant que nobles émissaires du Très Haut, envoyés en mission très spéciale dans ce lieu appelé le jardin d'*E-Don*.

De nombreux sites sacrés vous interpellent, mes bien-aimés. Des noms tels Shambala ou Camelot – ces cités éthériques d'une époque révolue – font vibrer une corde nostalgique en vous ? Chacun doit se mettre en phase et écouter cet « appel cosmique » de l'intérieur – ce qui résonne au plus profond de son être intime. Ne permettez à personne de décider pour vous ni de vous forcer la main. N'entreprenez aucun périple sous le coup de la culpabilité, ou par peur d'être laissé derrière. Votre Soi spirituel vous le signalera clairement, inévitablement, si telle est votre mission divine. Voilà pourquoi je vous ai transmis cette nouvelle méditation, au début du message : en progressant à l'intérieur de vous et en vous connectant avec votre être intime, vous recevrez des indications claires, des souvenirs referont surface et vous éprouverez une insatisfaction divine, une aspiration d'une intensité telle que vous ne pourrez pas nier l'élan. Et si vous choisissez de suivre l'incitation de l'Esprit, vous trouverez avec facilité et grâce la façon et les moyens d'accomplir votre mission. Réclamez vos droits divins, mes chers guerriers, et prenez conscience qu'il n'y a rien de trop difficile ou d'impossible quand il s'agit d'harnacher la puissance et les ressources de l'Esprit. Allons de l'avant ensemble, chers porteurs de Lumière, dans cette danse sacrée de la cocréation. Je Suis l'Archange Michaël.

# Chevaucher la vague de l'avenir

Chers amis, comme nous l'avons dit précédemment, une nouvelle vague d'énergie cosmique est sur le point de rayonner avec plus d'intensité sur la Terre et l'humanité. C'est là une émanation divine de Lumière en provenance du Soleil central, émanation préludant au passage de la Terre et de l'humanité dans la résonance subtile de la cinquième dimension. À l'heure actuelle, on ouvre et on active des portails stellaires, facilitant ainsi l'accès aux portails dimensionnels, et ceci assure une meilleure convergence de ces énergies vers les lieux appropriés de votre planète. Nous l'avons mentionné déjà, les fréquences sont maintenant trop subtiles et intenses pour être diffusées globalement, comme elles l'avaient été au début de votre période d'éveil. Peut-être serez-vous surpris d'apprendre que cette période s'amorça vers la fin des années 1800.

L'énergie électromagnétique dirigée vers certaines régions avec l'effet d'un laser permit d'obtenir des résultats positifs et radicaux, mais causa aussi beaucoup de souffrance. Par exemple : l'attentat à la bombe au World Trade Center à New York ; les émeutes à Los Angeles, dans la cité des anges, jadis si belle ; l'explosion dévastatrice à Oklahoma ; et d'autres événements similaires de par le monde. Les fréquences lumineuses atteignirent l'obscurité et explosèrent avec éclat. Cependant, notez bien que le chaos et la souffrance engendrèrent progressivement un sentiment d'unité, une purification, une ouverture du cœur des gens impliqués, et ces effets entraînèrent des répercussions, comme les cercles d'une pierre lancée à la surface de l'eau d'un étang. L'attitude des gens et l'atmosphère générale, par exemple dans les villes de Los Angeles et de New York, furent transformées. Depuis, les statistiques révèlent une diminution du taux de criminalité et de la violence, et les rues sont beaucoup plus sécuritaires.

Il faut comprendre que dans les régions confrontées à ces extrêmes de violence naissent des liens plus forts et une compréhension mutuelle. L'amour et l'entraide affluent, réunifiant éventuellement une culture disparate et divisée. Il reste beaucoup de chemin à parcourir, mais il est clair qu'une *aura* plus douce, plus saine, et un sens accru de la communauté se dégagent de tout cela. Le même scénario se dessine partout dans le monde, sans toutefois être aussi dramatique. Plusieurs incidents ne sont pas signalés, mais un changement vers le mieux est évident. C'est inévitable.

Le Créateur souhaite que ce processus évolutif se produise avec le minimum de difficultés et de souffrances pour l'humanité. À l'avenir, avant de diffuser des fréquences de haut niveau, nous recruterons ceux d'entre vous qui ont accepté de servir de catalyseurs ou de récepteurs pour cette énergie et qui en sont capables. Tout d'abord, nous dirigerons vers des lieux spécifiques ces âmes qui ont pour mission d'ouvrir les portails dimensionnels. Puis, nous nous tournerons vers ceux qui ont pour mission d'ancrer les fréquences plus élevées et semer les graines de l'éveil spirituel. Vous recevrez cette énergie puis la transmettrez à la Terre, et par l'intermédiaire de votre chakra du cœur, vous la filtrerez et la diffuserez aux gens de par le monde. Ces âmes auront à leur tour accès à cette énergie, et elles la transmettront selon leur propre niveau de fréquence vibratoire. On pourrait employer le terme « cultiver des semences de Lumière ».

Avez-vous remarqué que, souvent, un travailleur de la Lumière présentera des ateliers ou des voyages spirituels dans une ville, pour être immédiatement suivi par d'autres travailleurs ? Ces âmes courageuses ne peuvent savoir que d'autres individus sont également guidés vers les mêmes endroits. Ces gens obéissent simplement à un irrésistible appel intérieur. Ils apportent tous une résonance ou une configuration particulière de la lumière, ce que l'on nomme des faisceaux lumineux contenant des clés, des codes et des fréquences en vue d'ouvrir, de dégager, d'activer un endroit en particulier.

L'année 1998 en est une de transition ; pour l'humanité et la planète, elle constitue une passerelle vers le niveau subséquent de conscience. Pour atteindre ce but, le processus doit maintenant être sérieusement accéléré. Le plan divin doit s'exécuter, le temps est le facteur clé, et c'est pourquoi il est urgent de dégager et d'amarrer ces fréquences supérieures. Le long des côtes ouest et est des États-Unis étaient autrefois de merveilleuses, de puissantes cités de Lumière au faîte de la gloire, au temps des grandioses Âges d'or de l'Atlantide et de la Lémurie. L'énergie de ces régions magnifiques et de plusieurs autres sites jadis merveilleux sur Terre a progressivement été dominée par la peur, l'avidité et la négativité au fur et à mesure que ceux qui étaient au pouvoir employèrent leurs dons divins à des visées égoïstes.

Le fait d'être né, ou d'avoir migré, dans une certaine région signifie qu'un aspect de votre mission consiste à guérir ou à transformer les schémas énergétiques négatifs de sorte que la paix et la perfection de l'endroit puissent être restaurées. Votre structure cérébrale recèle le souvenir de ces jours anciens, révolus, ainsi qu'une profonde nostalgie du caractère sacré et de la beauté qui imprégnaient votre terre d'origine.

Comme vous le savez, les énergies du premier Rayon de Volonté divine sont réactivées pour servir de catalyseurs et d'outils dans le processus transformationnel. Il peut vous sembler que tout s'effrite, que tout est détruit. En réalité, les premier et septième Rayons opèrent à l'unisson pour transmuter les anciennes configurations énergétiques et déclencher de nouvelles fréquences radicales au sein de la structure cristalline de la Terre et de l'humanité. La destruction et la dévastation peuvent ainsi être réduites à un minimum.

Imaginez ceci : des âmes ayant pour la plupart purifié leurs caractéristiques énergétiques négatives et équilibré leurs corps mental et émotionnel de façon à devenir les réceptacles transparents d'infusions de fréquences supérieures sont attirées vers un certain endroit. Elles viennent nanties d'une intention pure, généreuse, souhaitant recevoir une inspiration et servir l'humanité. Elles sont amenées à laisser tomber, suivant un processus graduel, ce qui reste de leurs anciens schémas énergétiques, et à intégrer et à activer le système supérieur des chakras, en incorporant les attributs des cinq Rayons galactiques supérieurs. Cela ouvre la voie à l'infusion du premier Rayon de Volonté et de Pouvoir divin requise pour activer les énergies cristallines latentes au sein de la composition de la Terre. Cette infusion, lorsqu'elle atteint les personnes concernées, active les clés et les codes à l'intérieur de leur structure cérébrale et ceux-ci peuvent alors être partagés à l'ensemble au fur et à mesure que cette infusion est tissée et ancrée sur Terre. Ceci en retour active les énergies latentes au plus profond de la Terre au niveau même de sa structure cristalline. Grâce à quoi, cette énergie s'allume et irradie vers le haut pour une fois encore ramener les clés et les codes de la transformation nécessaires pour entamer le processus de purification et de guérison dans cette région en particulier.

Chaque personne prend alors ces semences de transformation et les diffuse depuis son chakra du cœur vers l'humanité, peu importe où elle va. Les individus qui sont prêts reçoivent cette énergie à l'intérieur et, à leur tour, la font rayonner vers ceux qui les entourent, à la surface et à l'intérieur de la Terre, l'amplifiant, la répandant jusqu'à ce qu'elle enveloppe la Terre entière et touche chaque être conscient d'une façon ou d'une autre.

Ne percevez-vous pas la beauté et la perfection de ce plan ? Concevez-vous maintenant l'importance de votre participation à cette œuvre ? De grâce, chers amis, ouvrez-vous à ce don divin et affirmez votre volonté d'en être les récepteurs ou les porteurs, en accord avec votre capacité à le recevoir. La force de votre désir de servir l'humanité et le degré d'amour, de paix, d'harmonie, d'équanimité émanant de vous détermineront le degré de pouvoir et d'énergie qui vous sera rendu accessible et que vous transmettrez et emploierez. Mais, chers amis, commencez là où vous vous trouvez, avec ce que vous avez déjà reçu, et vos dons augmenteront en proportion.

Voilà le mandat qui émane de la Source suprême et qui constitue l'étape suivante de votre éveil. C'est pourquoi nous vous demandons de demeurer centrés, flexibles, et d'être parés au changement, à l'expansion et à la croissance. Vous quittez la réalité soumise à la linéarité spatiotemporelle pour pénétrer une conscience fluide en expansion infinie. Imaginez-vous chevauchant une vague d'énergie qui vous fait traverser des fréquences dimensionnelles où vous évoluez avec aisance. Envisagez maintenant votre avenir, non pas sous une forme linéaire, mais sous une forme ayant l'apparence d'un cercle ou d'un ovale. Vous, mes guerriers intrépides en route vers un avenir glorieux, visitez aussi votre passé afin de guérir toute énergie déséquilibrée dans l'intérêt de votre Terre-mère et de l'humanité. L'humanité qui opère encore à l'intérieur des fréquences tridimensionnelles et de la linéarité spatiotemporelle patauge dans les énergies de la conscience collective se dirigeant avec difficulté vers leur destination. Mais c'est là l'ancienne méthode ; elle est désuète.

On vous fait don du Feu de la puissance solaire appartenant au Créateur, ce don sacré du Rayon doré de la conscience christique, rétablissant la connexion avec votre Dieu Père/Mère. Cette énergie déferle en provenance du Soleil central et passe par votre présence Je Suis. Le Feu solaire se réverbère puis est projeté, par l'entremise des cinq Rayons de la conscience galactique et du premier Rayon de Volonté divine, jusqu'à votre Soi supérieur et vous procure par le fait même sagesse, pouvoir, inspiration. En conséquence, vous faites l'expérience du don et de l'initiation du Feu par friction, soit par l'affinement de votre véhicule physique par le biais de votre âme. Toutes vos épreuves et tribulations, tous vos malaises et vos problèmes depuis les dernières années, résultent de ce don par friction qui a consumé les rebuts d'énergies négatives et déséquilibrées dans vos corps physique, éthérique, émotionnel et mental.

On vous affine et on vous polit en vue de devenir l'être de Lumière que vous étiez au début lorsque vous avez emprunté cette forme physique. Il s'agit d'un don merveilleux. Peut-être le percevez-vous autrement, mais il n'est aucunement question de punition ici, mes bien-aimés. En apprenant à maîtriser le Feu de l'Esprit, vous redeviendrez les cocréateurs dynamiques et puissants que vous étiez jadis, car vous fonctionnerez en harmonie avec l'Esprit et votre plan divin. Voilà pourquoi je dis que plusieurs d'entre vous sont déjà prêts à monter sur le Cercle doré de Feu. Lorsque vous chevaucherez la vague de l'avenir, vous vous élèverez, vous croîtrez et vous serez source de Lumière.

Les prochains six mois, selon votre temps terrestre, s'avéreront critiques en ce qui concerne la manifestation et l'ancrage de l'énergie divine au sein de la Terre et sa diffusion au plus grand nombre possible d'âmes. Tout s'intensifiera avec l'éclipse de votre Soleil, le 26 février 1998, qui symbolise le fait que le rayonnement de l'Esprit ne peut être voilé et qu'il conquiert l'obscurité. Avec le 21 mars viendra l'équinoxe du printemps, journée où l'Être solaire suprême de votre Terre se positionne à égale distance entre les hémisphères nord et sud. Ce sera l'occasion pour l'humanité et la Terre d'expérimenter une infusion accélérée de la Puissance solaire en provenance de la Source suprême. Cet équinoxe sera également marqué d'un alignement planétaire aux proportions immenses porteur d'une signification pour votre système solaire et votre galaxie. Une autoroute vers le cosmos s'élabore, chers amis. Une passerelle pour accélérer votre itinéraire vers le Nouvel Âge glorieux où il vous sera donné d'exprimer votre nature multidimensionnelle, et d'en faire l'expérience tout en rayonnant l'amour, la paix, la joie, l'harmonie.

Durant ces six mois, chaque pleine lune apportera également de grands dons de Puissance solaire et lunaire, et, vous infusera des énergies augmentées, amplifiées des Père et Mère divins. Faites maintenant le serment de servir de phare, de tour de réception et de transmission pour ce don merveilleux en provenance de l'Esprit. Vous rendrez un service inestimable à votre planète et à l'humanité, et à son tour ce don vous aidera à vous ajuster à votre nature spirituelle/émotionnelle et vous permettra de comprendre la science spirituelle lorsque vous parachèverez votre vaisseau spirituel/humain. Ces prochains mois, j'aimerais que vous vous souveniez de ces mots : CRÉATIVITÉ et RESPONSABILITÉ. Méditez sur ces termes. Que signifient-ils pour vous ? Comment peuvent-ils vous aider à vous nantir de pouvoirs et à vous ajuster à l'Esprit ? Ce sont là des mots que prend très au sérieux un maître, et vous devriez en faire autant. Lorsque l'inspiration créatrice jaillira de l'intérieur, qu'en ferez-vous ? Souhaiter, rêver, espérer est inutile en l'absence de l'action. L'emploi des dons qui vous sont offerts relève de votre responsabilité ; et vous devez en outre justifier vos actions en corrélation avec votre nouveau niveau de conscience. Vous avez à votre disposition des dons incommensurables. Quel usage en ferez-vous ? Êtes-vous prêts à accepter votre assignation à être un phare de Lumière pour le Nouvel Âge ? Nous espérons votre réponse, amis très chers.

Alors que vous approchez de la promesse dorée de l'avenir, je suis à jamais à vos côtés et vous seconde dans la reprise de votre position légitime dans la Hiérarchie de Lumière. Je Suis l'Archange Michaël.

# Le retour à la maison

Texte reçu en juin 1998

Chers maîtres, je vous demande de prendre un moment et d'élever votre conscience hors du vaisseau de votre corps pendant que vous lisez mon message. Sentez d'abord votre cœur s'ouvrir pour recevoir la vastitude de l'amour qui rayonne de moi vers vous. Pénétrez votre structure cérébrale, comme je vous l'ai enseigné, et percevez les faisceaux lumineux de sagesse s'enflammer et se déverser en vous. Vous sentirez peut-être une légère pression, comme si un bandeau enserrait votre front, mais aucun malaise n'apparaîtra. Sentez maintenant un halo doré, palpitant et irradiant, en train de se former à environ quinze centimètres au-dessus de votre tête pendant que je projette une charge d'énergie bienveillante qui vous enveloppera. Permettez à l'essence de ce que vous êtes, votre véritable nature, l'Étincelle du divin, d'éclore et de monter au-delà des confins du temps et de l'espace, jusqu'aux lieux raréfiés que nous habitons. Nous venons vers vous durant votre sommeil et nous répondons à vos appels pendant une méditation ou les moments d'angoisse ou de tristesse. Il est temps pour vous de prendre conscience de votre capacité à entrer en contact avec nous et de vous joindre à nous, même à l'état de veille, à tous moments ; car nous ne sommes pas hors d'atteinte, mais à portée de pensée. Notre fréquence vibratoire est plus élevée que la vôtre et la plupart d'entre vous ne peuvent nous voir, mais sachez que nous sommes bien réels – plus réels que vous-mêmes dans votre instrument physique de matière.

Je vais m'employer à renforcer votre contact avec les domaines supérieurs et à soulager l'angoisse encore présente en ce moment dans vos véhicules corporels. La plupart d'entre vous sont en voie de libérer leurs corps de l'énergie résiduelle qui les enserre. Vous touchez des facettes de vous-mêmes qui demeuraient inaccessibles depuis des centaines de milliers d'années. Ainsi que partagé précédemment, tous ces fragments imparfaits que vous avez projetés dans les domaines éthériques à travers les âges, alors que vous étiez à recréer la perfection de votre première incarnation, réintègrent maintenant le champ de votre conscience. Ces énergies possèdent une fréquence et une charge émotives, ce qui provoque des réactions dans votre véhicule physique, là où sont logées ces émotions bloquées. Voilà pourquoi il est impérieux pour chacun de devenir observateur de ce processus : enregistrez l'émotion, identifiez à quel endroit de votre corps elle cause une réaction ou un stress ; insinuez-vous dans cette énergie ; ne la craignez pas, il s'agit d'un don. Quelle prise de conscience ou quelle sagesse pouvez-vous en retirer ? Quels enseignements pouvez-vous en extraire ? Votre Soi supérieur vous donnera accès à l'expérience si vous laissez votre pensée intuitive devenir votre mentor et vous enseigner. Inspirez la Flamme violette, guérisseuse et transformatrice jusqu'au plus profond de votre corps, et voyez l'énergie bloquée se dissiper. Imaginez aussi le rayonnement des cinq Rayons galactiques tournoyant à travers votre corps tout en remaniant, équilibrant et harmonisant sans cesse les schémas réflexifs de la troisième dimension, ceux qui ne servent pas votre bien le plus élevé.

Vous êtes plusieurs à vous sentir déphasés ; vous êtes las et sentez le besoin de vous reposer. Vous requérez sans doute plus d'heures de sommeil. Vos habitudes alimentaires sont irrégulières – vous avez peut-être envie d'aliments que vous ne mangez pas habituellement ; votre appétit fluctue. Plusieurs ont pris du poids sans avoir modifié leur régime et s'interrogent sur la raison de tout cela. Que vous mangiez ou non n'a vraiment aucune importance en ce moment. En réalité, vous êtes à renverser le processus qui vous a menés jusqu'à ce point, responsables de votre identité et de votre nature présentes. Vous vous libérez de vieux schémas énergétiques et d'anciens modes de pensée inscrits dans votre configuration d'ADN. Consentez, amis très chers, consentez. Cela aussi viendra à passer. Ayez de la délicatesse pour vous-mêmes et, comme je vous le répète souvent, soyez à l'écoute de votre corps. Il redevient graduellement votre ami et votre partenaire. Si vous lui permettez de le faire, il vous aidera à retrouver votre santé et votre vitalité. Avant d'ingérer quoi que ce soit, demandez-vous si cela est bénéfique. Ayez la présence d'esprit de distinguer la motivation derrière le geste : mangez-vous dans le but de vous apporter un certain réconfort émotif ou pour alimenter en énergie appropriée votre corps ? Si celui-ci est sursaturé de nourriture, qui doit être métabolisée par votre système digestif, tous vos systèmes corporels seront sollicités. Par conséquent, votre esprit se sentira alourdi et vos sens seront émoussés à tel point que votre esprit créateur ne pourra fonctionner efficacement ni en vous ni par vous. Votre énergie subira une baisse et l'objectif de votre existence se résumera à digérer les fréquences matérielles que vous aurez ingérées, les transformant en déchets ou en énergie à peine plus subtile.

La Terre-mère elle-même subit nombre de changements radicaux au niveau de ses configurations énergétiques. Les côtes est et ouest de vos continents sont sujettes aux forces de l'eau et du vent, alors que ces puissants éléments cherchent à guérir et à équilibrer les fréquences émotionnelles et les formes-pensées négatives dont l'humanité a chargé ces lieux. Par exemple, dans la région de la Floride aux États-Unis, une occasion en or a été offerte de guérir la colère, la peur, ainsi que le désir de puissance, de contrôle et de domination qui surgissent, chez plusieurs, à partir de la mémoire de leur vie en Atlantide. [La côte sud-est américaine reçoit à chaque année la majorité des ouragans dans le monde. Serait-ce une purification des énergies résiduelles de la période atlantéenne ? N.D.É. ] Ce n'est pas un hasard si ces âmes se sont réincarnées à cet endroit, ou si elles ont été amenées à s'y établir. Tellement d'âmes magnifiques et pleines de bravoure vivent présentement dans cette région, cherchant à y ancrer la Lumière, à y faire s'élever et s'harmoniser les énergies, même si l'ensemble de la population exprime encore du déni et de la résistance ! Voilà pourquoi les grands *devas* utilisent selon les endroits les éléments vent, eau et feu dans le but d'éveiller les consciences à l'urgence des temps présents ; il ne s'agit point d'une punition mais bien plutôt d'une sonnerie d'alarme. Ceux qui ont besoin d'être saisis par des événements cataclysmiques pour s'éveiller seront terriblement affectés. Ceux qui œuvrent à favoriser l'afflux de l'Esprit et qui maintiennent la voie ouverte seront protégés et ne connaîtront pas d'effets destructeurs.

Rappelez-vous de ce que nous avons tenté de manifester à votre conscience ces dernières années : tout ce qui n'est pas en harmonie avec les fréquences croissantes de la Terre doit être restructuré et remanié, avec votre accord, ou par le biais de la loi de cause à effet que l'on appelle le karma. Un don des plus merveilleux est offert à l'humanité, mais plusieurs ignorent encore les signes, les prédictions, les avancées de l'Esprit. Les prédictions se manifestent afin que, grâce au libre arbitre, vous changiez et redirigiez, ou annuliez, les configurations énergétiques à partir desquelles ces prédictions ont été élaborées.

Souvenez-vous, mes bien-aimés, que tout ce qui se passe fait partie du processus évolutif de l'ascension. Les imperfections doivent être amenées à la surface et remaniées afin de libérer l'espace ou de préparer une place pour que l'Esprit vienne une fois de plus et établisse son empire.

Ceux d'entre vous qui participent à des méditations de groupe ou, à une plus grande échelle, aux méditations planétaires, ou qui prennent une part active à l'ouverture de portails galactiques, rendent un très grand service. Vos démarches synergiques sont beaucoup plus puissantes que vous ne le croyez. Quand vous vous concentrez tous sur un projet particulier, diffusant de l'énergie bienveillante à une région en détresse ou à un groupe de personnes souffrantes, c'est là l'amorce du retour à la conscience unifiée. Et ça l'est encore, si certains d'entre vous, grâce à leur volonté d'amour inconditionnel, tracent le pur sentier par lequel la haute résonance de l'Esprit peut descendre sur Terre. Vous devenez conscients de ne pas être une île isolée. Vos énergies négatives résonnent jusqu'aux grandes voies d'énergie qui entourent la Terre et affectent tous les êtres doués de conscience. De la même manière, vos réflexions et votre énergie d'amour éclairent les ondes de pensée, donnent de l'espoir et de l'inspiration, et élèvent le niveau de conscience des masses. Ne sous-estimez jamais le pouvoir de vos pensées, de vos actions et des paroles que vous prononcez. Le réseau éthérique doré de la Terre a été reconnecté et affiné, et il fonctionne maintenant comme au début. Vous développez vos dons de télépathie et d'empathie à mesure que les schémas de pensée provenant du centre de la Terre, des champs supérieurs et de l'humanité entière recommencent à circuler dans ce réseau lumineux. Voilà pourquoi vous ne pouvez plus ignorer ce qui se passe à l'autre bout du monde. Les schémas de pensées et de fréquences jaillissent et se répandent instantanément autour de la Terre, affectant chacun d'entre vous. Selon les fréquences avec lesquelles vous êtes compatibles, cela peut vous affecter de façon dramatique, positivement ou négativement. Les temps où la fuite était possible sont révolus, amis bien-aimés.

Laissez-moi vous livrer un autre aperçu de la perfection du plan divin afin que vous y réfléchissiez d'ici à ce que nous nous rencontrions de nouveau. Les directives du Créateur pour cet univers visaient que de nombreuses créations offrant une grande variété d'expression se manifestent de façon que ceux d'entre vous qui ont une attirance pour une culture ou un monde particulier se spécialisent dans un aspect spécifique ou un attribut de la Création. Quelle que soit votre orientation – les domaines du mental, les émotions, la science, l'aspect guérison ou historique, la créativité, l'enseignement, le service ou le leadership – ces aspects particuliers ou ces attributs ont été intégrés dans votre mission divine, grâce aux énergies ou patterns des grands Rayons. C'est à actualiser et à perfectionner cela que vous vous êtes astreints à travers les âges.

Visualisez de vastes multitudes d'Étincelles divines de conscience pénétrer l'univers par les énergies des grands Rayons émanant du cœur du Père/Mère/Créateur de cet univers vers les dieux cocréateurs, les Fils du paradis, les Élohim, les constructeurs de la forme, les univers angéliques, les Êtres de Lumière et, finalement, vers et par VOUS. Représentez-vous parmi ces intrépides, ces bénis, alors que vous émergez, que vous suivez le courant, que vous expérimentez et créez, que vous évoluez dans la connaissance et l'expertise. Quelques éons plus tard, une autre partie du plan divin fut mise en application et l'idée d'une planète toute spéciale surgit. Une planète qui serait d'une beauté dépassant toute mesure, car toutes les merveilles de la création y trouveraient leur place dans ce petit monde aux confins des galaxies, à la limite extrême de la création.

Le processus nécessaire pour rendre manifeste ce miracle de la création en un seul endroit fut déclenché. Après des étapes majeures d'expansion universelle, chaque expérience a servi pour créer la planète Terre : la diversité, la spécificité, la sagesse et l'expertise colligées depuis le commencement du plan divin. Vous avez tous accompli un périple à travers ce qu'on appelle les sept sphères de l'expérience, ou les domaines des sept rayons de l'expression, qui contenaient les aspects et les attributs à intégrer. Vous êtes demeurés le plus longtemps à l'endroit avec lequel vous étiez intérieurement en résonance. C'est dans un endroit en relation avec votre mission divine que vous êtes restés dans la forme de votre magnifique présence Je Suis, qui vous a ensuite projetés en plusieurs fragments, que vous reconnaissez depuis comme votre « famille spirituelle ».

Vous avez conservé intacte une portion de votre mémoire cosmique pendant des âges, jusqu'à ce que la Terre et l'humanité sombrent dans la densité de la troisième dimension. Puis, le voile de l'oubli a graduellement recouvert votre mémoire, et la mémoire de la conscience de la Terre a été mise en quarantaine. Vous avez voyagé depuis les derniers milliers d'années, vous sentant seuls et déconnectés de nous, les Êtres de Lumière, et de votre propre Soi divin. Vous avez été forcés d'avancer seuls pour expérimenter, créer, acquérir de la sagesse et partager la connaissance et l'expertise qui n'appartiennent qu'à vous. Vous aviez à apprendre ce qu'implique la création sur le plan matériel, dans un corps physique, afin de vous souvenir – tout en perfectionnant vos aptitudes terrestres – que vous êtes des Maîtres.

Votre mémoire cosmique revient alors que vous clarifiez et équilibrez toutes les énergies créées par les méprises, les essais et les erreurs survenus au cours des âges. Tout faisait partie du plan global, chers êtres téméraires, mais la manière dont l'histoire se terminerait restait incertaine jusqu'à ce qu'elle soit réalisée et que le libre arbitre vous ait été donné comme test ultime de la cocréation.

Tout comme vous émanez de la conscience unifiée, vous fragmentant en pièces de toutes tailles et de toutes résonances, tissant votre chemin par les dimensions et au cours de vos nombreuses vies et expériences sur Terre, apparemment seuls, vous êtes aujourd'hui à renverser le processus. Vous êtes en voie de guérir et d'intégrer les fragments de vous-même, d'équilibrer et d'harmoniser vos champs de force afin que les aspects multidimensionnels de votre être puissent entreprendre aussi le processus de réintégration. Plusieurs d'entre vous sont maintenant harmonisés et ajustés à leur Soi supérieur, en bonne voie d'intégration avec la puissance, l'amour et la sagesse de votre Soi christique ou présence Je Suis. De plus, sur le chemin de cette conscience unifiée, vous rejoignez vos compagnons de voyage, la multitude d'âmes courageuses qui se sont avancées avec vous lorsque le clairon a sonné et qui ont consenti à traverser l'inconnu à titre de participants d'une grande expérience.

Qu'il est prodigieux de vous voir, mes bien-aimés courageux, alors que vous vous souvenez, alors que vous reconnaissez vos « compagnons d'âme », ceux de qui vous avez été séparés et qui vous ont tant manqué ! Nous sommes émerveillés de votre enthousiasme, de votre joie lorsque avec tant d'amour, vous partagez ensemble les expériences de votre périple, lorsque vous exprimez et communiquez la sagesse recueillie en chemin et que vous permettez aux autres de vous aider à vous réapproprier et à intégrer ce qui vous manque.

En effet, c'est un moment de transition important, un moment où toutes les facettes de la création cherchent à retrouver l'harmonie de la conscience unifiée d'où elles proviennent. Ceux qui restent en coulisse et refusent d'entreprendre le processus d'éveil et d'intégration se sentiront de plus en plus isolés. La sensation d'être seuls, à l'écart, s'intensifiera jusqu'à ce qu'ils crient leur angoisse et cherchent à rejoindre ceux d'entre vous qui sont prêts à les aider avec amour à retrouver le chemin et à entreprendre le voyage de retour, pour enfin vous retrouver les uns les autres dans le cœur de notre Père/Mère, votre origine.

Nous attendons l'occasion de vous aider à franchir les obstacles et les frontières qui vous retiennent en deçà de la perfection. Vous n'avez plus à voyager seuls, mes bien-aimés. Nous sommes là afin de vous offrir direction, soutien, sagesse et tout l'Amour/Lumière que vous pouvez intégrer et laisser émaner de votre Être.

*Je Suis l'Archange Michaël*
*et je viens à vous avec ces vérités.*

# L'auteure

Ronna Herman a été cadre dans une entreprise et un agent immobilier. Aujourd'hui à la retraite, elle vit retirée dans le désert avec son mari, Kent, ex-cadre d'une compagnie aérienne, à l'extérieur de Reno, au Nevada. Sa quête spirituelle débuta en 1970. Après une période intense d'étude et de formation, elle entama une nouvelle carrière comme enseignante et comme mentor spirituel. La réputation de Madame Herman à titre d'auteure et de conférencière s'étend à l'échelle internationale ; elle est d'ailleurs souvent invitée à plusieurs congrès importants.

Dans les années à venir, Ronna Herman compte offrir plusieurs ateliers et séminaires aux États-Unis et en Europe. Outre leurs activités d'écrivains et leurs voyages, Ronna et Kent adorent jardiner et passer du temps avec leurs familles respectives réunies, comprenant sept enfants, dix-neuf petits-enfants et trois arrière-petits-enfants.

Les messages de l'Archange Michaël, transmis par l'entremise de Ronna, ont été publiés de par le monde dans plus d'une douzaine de magazines et de publications d'intérêts spirituels et ont été traduits en six langues.

# Quelques exemples de livres d'éveil publiés par Ariane Éditions

Voyage au cœur de la création

Partenaire avec le divin
(La série Kryeon)

Le retour

La série Conversations avec Dieu

L'éveil au point zéro

Anatomie de l'esprit

Terre

Messagers de l'aube